AF385214

DE L'AUTORITÉ

DE

LA CHOSE JUGÉE

EN MATIÈRE CIVILE.

DISSERTATION

POUR

LE DOCTORAT,

Présentée à la Faculté de Droit de Toulouse,

CONFORMÉMENT A L'ARTICLE 1er DE L'ARRÊTÉ DU 5 DÉCEMBRE 1850,

Par M. Lucien LAURENS,

Avocat,

DE TOULOUSE.

TOULOUSE,

IMPRIMERIE DE A. CHAUVIN ET COMPe,

RUE MIREPOIX, 3.

1852.

DE L'AUTORITÉ

DE

LA CHOSE JUGÉE

EN MATIÈRE CIVILE.

DISSERTATION

POUR

LE DOCTORAT,

Présentée à la Faculté de Droit de Toulouse,

CONFORMÉMENT A L'ARTICLE 1er DE L'ARRÊTÉ DU 5 DÉCEMBRE 1850,

Par M. Lucien LAURENS,

Avocat,

TOULOUSE,

IMPRIMERIE DE A. CHAUVIN ET COMPe,

RUE MIREPOIX, 3.

—

1852.

INTRODUCTION.

L'ordre social exige impérieusement que les in' 'rêts divers qu'il a pour objet de gouverner soient fixés d'une manière aussi invariable que possible. Cette stabilité, condition nécessaire à la conservation de la société, est fondée sur les lois, les décisions judiciaires et les contrats. Emanation suprême du pouvoir souverain, la loi commande sans que l'on puisse lui demander compte de ses dispositions. Les contrats, qui ne sont que l'expression d'intérêts individuels, sont loin d'avoir la présomption d'infaillibilité de la loi; aussi peuvent-ils, dans plusieurs cas, être anéantis par un pouvoir plus élevé.

Entre la loi et les contrats se placent les décisions judiciaires, dont la puissance, supérieure à celle des contrats, est inférieure à celle de la loi. L'objet de cette dissertation est de déterminer quelle est la nature de ce pouvoir et dans quelles limites il doit s'exercer.

L'autorité de la chose jugée repose sur la présomption de vérité que la loi attache à la décision des juges; et telle est la force de cette présomption, qu'elle protége les mauvais jugements comme les bons et qu'elle ne permet même pas de les discuter. Il suffit donc que le juge ait prononcé, pour que ses arrêts soient regardés comme conformes à l'équité et au droit.

C'est que l'autorité de la chose jugée est une loi d'ordre public. Elle a pour mission avant tout de maintenir l'harmonie dans la société; elle est l'expression de cette règle fondamentale, qui veut que l'intérêt particulier s'incline devant l'intérêt général. Nous devons donc l'admettre moins comme un principe de justice que comme une nécessité sociale, dont les conséquences pourront souvent être rigoureuses, mais seront toujours légitimes.

Chez tous les peuples civilisés, il existe des magistrats investis du droit de rendre justice à chacun. Ces magistrats, organes de la puissance publique, sont chargés d'interpréter les lois et d'en faire l'application aux intérêts particuliers. Plus le devoir qu'ils ont à remplir est grand, plus leurs décisions doivent être respectées. Aussi les citoyens sont-ils obligés d'obéir sans murmure à leur autorité; et cette soumission, qui leur est ordonnée, n'est qu'une légitime conséquence de l'obligation que chaque membre d'un état s'est imposée, par cela seul qu'il consent à en faire partie, de se soumettre aux décisions des magistrats chargés de maintenir les droits de tous.

L'antiquité nous offre un magnifique exemple de cette vérité, quand elle nous montre Socrate, aimant mieux subir une mort injuste, que se soustraire, par la fuite, à l'exécution de la sentence rendue contre lui. Le sage vieillard répondait aux instances de ses amis, qu'un état ne peut exister sans lois, et que les lois seraient détruites et anéanties si les jugements n'avaient aucune force et si chacun pouvait se soustraire à leur exécution.

Cicéron était tellement pénétré de cette nécessité, qu'il s'écriait dans une de ses plus belles harangues, que la force donnée à la chose jugée était une condition indispensable à l'existence d'un état : *Status reipublicæ maximè judicatis rebus continetur.*

Cette immense autorité, attribuée aux décisions des magistrats, est donc nécessaire au maintien de l'ordre. Il fallait, comme le fait remarquer le jurisconsulte Paul, éviter cette multiplicité de jugements qui, ne laissant que de l'indécision dans le règlement des droits, ne pouvait que donner naissance à des difficultés inextricables.

Sans doute, il pourra arriver que l'on ratifiera ainsi des sentences injustes ; mais il ne faut pas s'exagérer la portée de cette objection. Il faut reconnaître que, si l'histoire nous offre quelques bien rares exemples de magistrats qui n'ont pas craint, pour satisfaire des passions ou des intérêts, de transiger avec leur conscience, elle nous montre aussi de ces grandes et belles figures, comme les Mathieu Molé, [les d'Aguesseau et bien d'autres encore, qui ont été à la fois la gloire de leur pays et l'honneur de la magistrature. Que les citoyens ne craignent donc point de soumettre leurs droits à l'autorité du pouvoir judiciaire! D'autant plus fort, d'autant plus respectable, qu'il est assis en France sur des bases que n'ébranlent pas même les commotions politiques, ce pouvoir offre aux justiciables, contre la faillibilité humaine, toutes les garanties possibles de lumières et d'intégrité.

DE

L'AUTORITÉ DE LA CHOSE JUGÉE

EN MATIÈRE CIVILE.

NOTIONS HISTORIQUES.

Comme un grand nombre d'autres institutions utiles, et auxquelles une expérience de plusieurs siècles a donné une valeur incontestable, l'autorité de la chose jugée prend son origine dans le droit romain. Elle s'y introduisit comme une nécessité sociale, comme une loi d'ordre public, caractères qu'elle conserve encore aujourd'hui. Aussi trouvons-nous, dans les écrits des jurisconsultes de l'antique Rome, les véritables principes en cette matière, sauf quelques modifications rendues indispensables par le changement des mœurs, des usages, et surtout des règles de la procédure.

Il entre donc dans le plan de cette dissertation d'esquisser d'une manière rapide les diverses phases

qu'a subies le principe de l'autorité de la chose
jugée, sous les différents systèmes de procédure qui
ont, tour à tour, influé sur la marche des institutions
romaines.

C'est dans l'origine, au temps des actions de la loi,
que l'autorité de la chose jugée nous apparaît avec le
plus de force. Lorsque le procès avait été porté devant le juge, l'action était épuisée, et on ne pouvait
jamais agir de nouveau pour la même chose. La sentence, bien ou mal rendue, devait être exécutée (1).

Sous le système formulaire, des distinctions s'intro-
duisirent dans l'application du principe. Ces distinctions, que la logique des jurisconsultes romains les
obligea d'admettre, devinrent nécessaires par la création de différents modes d'instances.

La chose jugée produisit des effets analogues à ceux
de la *litis contestatio*. De même que celle-ci terminait
l'instance devant le magistrat, en substituant à l'obligation primitive une nouvelle obligation, de même la
sentence résultant de la chose jugée mettait fin au
procès devant le juge, en créant la nouvelle obligation d'exécuter le jugement (2). Il s'opérait donc,
dans les deux cas, une sorte de novation.

Telle était, sous le système des formules, la nature
du principe de la chose jugée. Voyons comment il
était mis en pratique. Gaius nous apprend qu'il fallait faire une distinction entre le *judicium legitimum*

(1) Gaius, C. IV, § 108.
(2) Gaius, C. III, § 180.

et le *judicium imperio continens* (1). Dans ce dernier jugement, qui n'avait d'effet qu'autant que l'on obtenait la sentence avant la fin de la magistrature de celui qui avait accordé l'action, il ne s'opérait jamais novation, soit par l'effet de la *litis contestatio*, soit par l'effet de la *res judicata*. L'obligation primitive existait donc toujours, d'après le droit civil; le créancier pouvait agir de nouveau. C'était là un très-grave inconvénient; mais l'usage des exceptions s'était introduit dans la législation romaine, et on accorda au débiteur l'exception *rei judicatæ*, pour repousser des prétentions qui auraient voulu se renouveler malgré la décision du juge. L'exception *rei in judicium deductæ* devint aussi nécessaire pour faire produire à la *litis contestatio* un effet analogue (2).

Quand il s'agissait d'un *judicium legitimum*, l'application de la chose jugée exigeait une distinction entre les actions personnelles conçues *in jus*, et les actions réelles ou conçues *in factum*. Dans le premier cas, il s'opérait à la fois novation et par la *litis contestatio* et par la sentence : la chose était véritablement jugée d'après le droit civil; l'action était éteinte. Il n'était donc pas besoin d'une exception pour empêcher le même procès de se produire (3).

Lorsque l'action était réelle ou conçue *in factum*, sa nature rendait impossible une novation, qui eût

(1) Gaius, C. III, § 181.
(2) Gaius, C. IV, § 106.
(3) Gaius, C. IV, § 107.

donné à l'action réelle le caractère d'action personnelle, et qui, dans les actions *in factum*, eût changé
un fait en une obligation : résultats contraires à tous
les principes. L'exception *rei judicatæ* était donc nécessaire pour repousser de nouvelles prétentions du
demandeur ; car, d'après le droit civil, le même droit
réel, le même fait existaient encore.

L'exception de la chose jugée ne reposait pas sur
un principe d'équité, elle ne pouvait donc pas être
sous-entendue dans la formule des actions de bonne
foi ; il fallait, pour que le juge pût en faire usage,
qu'elle fût particulièrement exprimée.

Sous Justinien, les principes de l'autorité de la chose
jugée furent formulés d'une manière unique. On ne
fit plus de distinctions entre les actions réelles et les
actions personnelles ; il n'y eut plus de *judicia legitima*
et de *judicia imperio continentia*. Les effets que produisait autrefois de plein droit, dans certains cas, la *litis
contestatio* tombèrent, et, avec eux, cette espèce de
novation qui en était la suite. L'action, bien que jugée,
n'en exista pas moins d'après le droit civil ; mais on
donna aussi, pour repousser une prétention qui aurait
essayé de se reproduire après le jugement intervenu,
le secours de l'exception *rei judicatæ*, qui dorénavant
fut portée directement devant le juge (1). En d'autres
termes, le principe de l'*exceptio* fut généralisé et
étendu à toutes les actions.

L'autorité de la chose jugée se produisait, en droit

____

(1) *Inst.*, liv. IV, tit. 13, § 5.

romain , soit sous la forme d'une action , soit sous la forme d'une exception. Il fallait distinguer quels avaient été les effets de la sentence. Si le défendeur gagnait son procès, l'absolution prononcée par le juge en sa faveur, lui donnait le droit de repousser toute autre prétention du demandeur sur le même procès, au moyen de l'exception *rei judicatœ*. Si c'était, au contraire, le demandeur qui obtenait gain de cause, la sentence du juge lui procurait le bénéfice de l'action *judicati* pour faire exécuter la condamnation prononcée contre son adversaire, ou bien pour faire reconnaître l'existence de la sentence, alors qu'elle était contestée par le défendeur (1). Cette action était une de celles qui, en cas d'*inficiatio*, croissaient au double.

Nous devons maintenant, et en peu de mots, examiner à quelles conditions était soumis, à Rome, l'exercice du principe de la chose jugée.

La règle était bien simple : les jurisconsultes romains nous apprennent que les juges n'avaient qu'à voir si la question qui leur était soumise avait déjà donné lieu à une décision : *Exceptio rei judicatœ obstat quotiens inter easdem personas eadem quœstio revocatur,* nous dit le jurisconsulte Ulpien. Quel était le sens de cette expression : *Eadem quœstio ?* Paul et Ulpien développent ainsi l'idée qu'elle renferme : *Cùm quœritur hœc exceptio noceat nec-ne ? inspiciendum est an idem corpus sit, quantitas eadem , idem jus, et an eadem causa*

____

(1) Dig., *de re jud.,* L. 3, 2, 7, — *quœ sent. sine appell.,* l. 1.

petendi, et eadem conditio personarum, quæ nisi omnia: concurrunt alia res est (1).

Ainsi donc, pour qu'il y eût *eadem quæstio*, il fallait que le même objet fût en litige, que la cause de la demande fût la même, et que le procès se débattît entre les mêmes personnes, agissant en la même qualité.

Un mot sur chacune de ces conditions.

Même objet en litige. — Pourvu que ce fût la même question qui s'agitât, peu importait la forme sous laquelle elle se présentait, peu importait l'action donnée pour l'intenter; seulement, il ne fallait pas que la seconde demande pût être comprise dans la première.

Même cause de la demande. — La nouvelle action devait être fondée sur le même droit, *idem jus*, que la première, bien qu'elle pût être différente (2). Le demandeur, en effet, pouvait choisir entre diverses actions pour faire reconnaître le même droit; mais quand il avait intenté le procès au moyen d'une action, il ne pouvait pas plus tard demander la même chose par une action différente, mais tendant au même but. Ainsi, le copropriétaire d'un fonds à titre héréditaire, qui succombait par l'action *communi dividundo*, ne pouvait pas agir par l'action *familiæ erciscundæ* (3). Mais la cause n'était pas la même si l'action était fon-

(1) Dig., *de except. rei jud.*, L. 12, 13, 14.
(2) Dig., *eod. tit.*, L. 5 et 7, § 4.
(3) Dig., *eod. tit.*, L. 8.

dée sur un droit différent. On pouvait alors agir, pour la même chose, par deux actions distinctes, sans qu'il y eût *eadem quæstio*. Ainsi, celui qui perdait son procès en agissant par la *rei vindicatio*, pouvait cependant intenter la *condictio* (1).

Mêmes personnes agissant en la même qualité. — Les jurisconsultes romains avaient établi cette règle pleine de sagesse, que la chose jugée ne pouvait servir ou être opposée qu'à ceux qui avaient été parties dans l'instance : *Res inter alios judicatæ, neque emolumentum afferre his, qui judicio non interfuerunt neque præjudicium solent irrogare.* Il n'y avait donc pas *eadem quæstio*, lorsque les parties n'étaient pas les mêmes et n'agissaient pas avec la même qualité. Le demandeur qui se présentait devant le juge, d'abord en son nom, et puis comme mandataire, n'était point *eadem persona*, et la sentence prononcée contre lui en la première qualité était *res inter alios judicata*, et ne pouvait lui être opposée, quand il plaidait contre le même défendeur, en qualité de mandataire (2). Mais il n'en eût pas été ainsi, si le père de famille, ayant agi et succombé, le fils eût voulu plus tard intenter la même action. Il y aurait eu ici *eadem quæstio ;* car, sous plusieurs rapports, le père et le fils étaient considérés, à Rome, comme une seule personne (3).

(1) Dig., *de except. rei jud.*, L. 31.
(2) Dig., *de rei vind.*, L. 81.
(3) Dig., *de except. rei jud.*, L. 11, § 8.

Telles sont, en résumé, les règles suivies par les jurisconsultes romains en cette matière. Elles furent admises par la jurisprudence des pays de droit écrit; elles furent aussi adoptées dans les pays coutumiers. Nos anciennes coutumes ne contenaient, en effet, aucune disposition particulière à cet égard.

La vérité relative résultant de la chose jugée n'a jamais rencontré d'adversaires, et les principes que nous venons d'exposer ont encore, de nos jours, une autorité incontestable et incontestée. Le Code Napoléon les a reproduits dans l'art. 1351, le seul qui règle, dans notre législation, la matière de l'autorité de la chose jugée.

Notre intention n'est pas, dans cette dissertation, de présenter un traité complet sur la chose jugée, en matière civile : nous nous sommes proposé seulement de donner une exposition succincte de la doctrine et de la jurisprudence.

Notre travail sera divisé en trois parties. Dans la première, nous examinerons quels sont les jugements d'où résulte la chose jugée. Abordant ensuite plus particulièrement notre sujet, nous étudierons les conséquences de l'art. 1351 du Code Napoléon, et nous terminerons, dans une troisième partie, en disant, en peu de mots, quels sont les effets de la chose jugée.

PREMIÈRE PARTIE.

Des jugements d'où résulte la chose jugée.

La chose jugée résulte d'une sentence régulièrement rendue, qui décide définitivement sur la contestation : *Res judicata dicitur quæ finem controversiarum pronunciatione judicis accipit, quod, vel condemnatione, vel absolutione contingit.*

Dans les principes du droit romain, un jugement était régulier lorsque, toutes les formalités de la procédure ayant été remplies, il était prononcé par le juge à l'audience, et de vive voix (1). Il fallait qu'il fût motivé (2). Les parties devaient être présentes, et la sentence était nulle à l'égard des absents (3). La décision qui donnait lieu à la chose jugée ne doit pas être confondue avec les *interlocutiones*, les *jussus* et les *mandata*, qui ne faisaient que préparer la sentence, et qui pouvaient être modifiés par le juge ; tandis que le jugement, proprement dit, était irrévocable. En effet, le principe de l'appel ne fut admis dans le droit romain que sous le bas-empire (4).

Notre ancienne législation nous fournit un texte de loi où sont soigneusement énumérés les divers juge-

(1) Dig., *de re jud.*, L. 89, § 1.
(2) Dig., *quæ sent. sine appell.*, L. 1, § 1.
(3) Dig., *eod. tit.*, L. 3.
(4) *Novell.* 23, *cap. I.*

ments qui doivent avoir l'autorité de la chose jugée;
c'est l'art. 5 du titre 27 de l'ordonnance de 1667, qui
devint, à partir de sa promulgation, la règle unique
à laquelle toutes les juridictions du royaume durent
se soumettre.

Pour qu'un jugement pût acquérir la force de la
chose jugée, il fallait qu'il contînt une condamnation
définitive. C'est cette pensée que développe le texte
dont nous venons de parler. Il est ainsi conçu :

« Les sentences et jugements qui doivent passer
en force de chose jugée, sont ceux rendus en dernier
ressort, et dont il n'y a pas appel, ou dont l'appel n'est
pas recevable, soit que les parties y eussent formellement acquiescé, ou qu'elles n'en eussent interjeté appel
dans le temps, ou que l'appel ait été déclaré péri. »

L'ordonnance de 1667 reconnaissait donc trois cas,
dans lesquels il pouvait y avoir lieu à l'application des
règles de l'autorité de la chose jugée : 1° lorsque les
jugements étaient rendus en dernier ressort, comme
les arrêts des cours souveraines, les jugements prési-
diaux qui n'excédaient pas 250 livres, les sentences
des juges-consuls des marchands qui n'excédaient pas
500 livres, etc. ; 2° lorsqu'il n'y avait pas appel du
jugement rendu : l'ordonnance fait ici allusion aux
sentences des juges subalternes; mais la présomption
de vérité qui en résultait n'était que momentanée,
car elle était détruite sitôt que l'appel était interjeté ;
3° lorsque l'appel n'était pas recevable, soit par
l'acquiescement des parties, soit lorsqu'on avait laissé
écouler le temps requis pour pouvoir appeler, c'est-à-

dire dix ans à partir du jour de la signification de la sentence (1), soit lorsque l'appel avait été déclaré péri, c'est-à-dire lorsqu'on avait cessé de faire des poursuites pendant trois ans.

Tels étaient les principes mis en vigueur par l'ordonnance de 1667. La loi du 24 août 1790 donna encore l'autorité de la chose jugée aux sentences rendues dans les affaires où les parties avaient consenti à être jugées sans appel, et remit ainsi en usage une règle du droit romain qui était tombée en désuétude (2).

Notre législation a admis ces mêmes principes. Le jugement d'où résulte la chose jugée ne doit pas avoir été réformé; il faut donc qu'il soit définitif ou interlocutoire proprement dit, c'est-à-dire préjugeant le fond et renfermant un droit pour la partie qui l'a obtenu.

La plupart des auteurs admettent qu'un jugement provisoire ne saurait attribuer à la décision qu'il renferme l'autorité de la chose jugée, car il ne met pas fin au procès; et qu'il en doit être de même dans le cas où le jugement est simplement préparatoire et n'ordonne qu'un moyen d'instruction. Il faut néanmoins reconnaître que ces jugements doivent avoir une certaine puissance, puisque de cela seul qu'ils ont été prononcés par le magistrat, leur exécution peut avoir lieu.

(1) Ord. de 1667. Tit. XXVII, art. 17.
(2) *Dig. a quib. appell. non licet.* l., 1, § 35.

La présomption de vérité, attribuée à la décision du juge, résultera des jugements rendus contradictoirement et en dernier ressort, des jugements par défaut ou en premier ressort seulement, s'ils ne sont plus susceptibles d'être attaqués par la voie de l'opposition ou de l'appel. Auront encore l'autorité de la chose jugée, les jugements que le magistrat aura omis de qualifier, ou aura qualifiés en premier ressort, quand ils devaient être rendus en dernier ressort. Il en sera de même quand les parties auront consenti à être jugées sans appel, quand elles auront acquiescé au jugement, enfin quand la péremption de l'instance en cause d'appel aura été prononcée.

Dans toutes les hypothèses que nous venons de citer, les jugements ne peuvent pas être attaqués par les voies de recours ordinaires; ils doivent donc avoir l'autorité de la chose jugée : aucun obstacle ne s'oppose à leur exécution. Mais cette autorité n'est point définitive, tant que les parties qui ont perdu leur procès peuvent soumettre le jugement au recours extraordinaire.

Ainsi, lorsqu'un pourvoi en cassation a été formé, la chose décidée par le jugement attaqué n'en conserve pas moins sa force; l'admission du pourvoi par la chambre des requêtes ne diminue en rien son autorité; mais lorsque l'arrêt est cassé, la disposition qu'il renferme est annulée; le procès doit recommencer.

De même, la requête civile, qui est aussi une voie de recours extraordinaire, n'enlève à la chose jugée aucune autorité ; l'exécution de la sentence n'est point suspendue; bien mieux, encore, l'art. 497 du Code de procédure civile, dans sa partie finale, veut que celui qui aura été condamné à délaisser un héritage ne soit reçu à plaider sur requête civile, qu'en rapportant la preuve de l'exécution du jugement au principal. Mais si le jugement est rétracté, la chose jugée perd tout son effet.

Il résulte de là que les jugements qui acquièrent une autorité stable et perpétuelle sont ceux qui ne peuvent être attaqués, ni par les voies de recours ordinaires, ni par les voies de recours extraordinaires.

Il n'est point douteux, et c'est une conséquence des principes rigoureux admis en cette matière, que les jugements iniques doivent avoir l'autorité de la chose jugée, comme ceux qui sont rendus conformément à l'équité. Mais en est-il de même des jugements nuls? En droit romain, ces jugements ne produisaient aucun effet : *Si expressìm sententia contra juris rigorem data fuerit, valere non debet* (1), et le juge devant lequel on opposait la nullité pouvait la prononcer alors même qu'il était inférieur à celui qui avait rendu la sentence (2). Mais celui qui avait rendu la décision attaquée ne pouvait plus en connaître même pour en déclarer la nullité : *Judex posteà quàm semel sententiam dixit, posteà judex esse desinit* (3).

Dans notre ancienne jurisprudence, ainsi que le

(1) Dig. *de appell. et relat.* L. 19.
(2) Cod. *de sent. et interl.* L. 7.
(3) Dig *de re jud.* L. 55.

rapporte Loysel, on avait admis la maxime : *Voies de
nullité n'ont point de lieu.* Un jugement nul ne perdait
son effet que par l'emploi des voies de recours. On
s'était donc complètement séparé des règles tracées
par les lois romaines. C'est cette doctrine qui a été
reconnue par notre législation. Un jugement nul doit
donc avoir l'autorité de la chose jugée jusqu'à ce que
la nullité ait été prononcée par une juridiction supérieure à celle qui l'a rendu, quand il s'agit d'un jugement contradictoire et définitif, ou par la même juridiction quand le jugement est par défaut.

Quant à la règle qui défend aux juges de rétracter
ou de corriger les jugements définitifs, après qu'ils les
ont rendus, elle passa du droit romain dans l'ancienne
jurisprudence. La doctrine des parlements n'a jamais
varié sur ce point. Notre Code de procédure ne contient aucune disposition expresse à cet égard ; mais
rien dans notre droit ne s'oppose à son application
que toutes les règles d'ordre public semblent exiger.
Telle a été d'ailleurs la décision de la Cour de cassation, dans un arrêt rendu le 24 ventôse an XIII.

Un jugement se compose de plusieurs parties: il y
a des motifs et un dispositif; d'où résultera la chose
jugée? Il est évident que les motifs, qui ne sont que
de simples considérations qui guident le juge, ne
peuvent préjuger les points qu'ils touchent, alors
même qu'ils exprimeraient, relativement à une partie
quelconque de la question, une opinion formelle. Le
juge doit chercher, lorsqu'une cause lui est soumise,
toutes les raisons qui peuvent l'éclairer et l'amener à

admettre une décision plutôt qu'une autre. Mais lorsque, dans son jugement, il énumère les divers motifs pour arriver à une conclusion, ces motifs ne peuvent, en général, constituer une chose jugée par lui ; la conclusion seule contiendra la présomption de vérité. Les motifs d'un jugement ne doivent ordinairement être pris en considération que pour expliquer et interpréter le dispositif, alors que le sens n'en est pas parfaitement clair.

Il faut néanmoins reconnaître que les motifs contiennent quelquefois une décision et qu'ils doivent alors avoir l'autorité de la chose jugée, surtout en ce qui concerne la cause de la demande qui, le plus souvent, ne se trouve indiquée que dans cette partie du jugement.

Le dispositif, au contraire, a l'autorité de la chose jugée ; mais dans le dispositif il peut y avoir des points qui sont complètement décidés et d'autres qui ne sont présentés que sous la forme de simples énonciations. Ces énonciations ne sauraient constituer une chose jugée par le magistrat. Ainsi, un jugement qui condamnerait un individu à fournir des aliments à un autre en qualité de père ne préjugerait pas la question de paternité si elle n'avait été l'objet de conclusions précises et formelles prises par les parties à cet égard. C'est ainsi que le décidaient les lois romaines : *Nec enim pronunciatur filium esse, sed ali debere* (1) et que l'a jugé la Cour de cassation (2). Il résulte de là

(1) Dig. *de agn. lib.*, L. 5, § 9.
(2) Cass., 25 août 1829.

que si la question décidée dans les énonciations avait
été proposée incidemment, par exception, ou comme
moyen de défense à l'action primitive, le jugement
rendu n'aurait pas moins de force, à cet égard, que
sur la question principale (1). Cette distinction est
parfaitement logique. On ne saurait, en effet, dans le
premier cas, donner l'autorité de la chose jugée à une
décision accessoire, contenue, il est vrai, dans le dispositif, mais qui néanmoins n'a pas été spécialement
posée au juge, tandis que dans la seconde hypothèse
elle doit avoir cette autorité, puisqu'elle a été discutée
comme exception et que les magistrats sont tenus de
se prononcer sur les exceptions comme sur la demande
elle-même.

Remarquons, en terminant sur ce point, que si le
dispositif du jugement contient implicitement la solution d'une question qui n'a pas été spécialement posée,
il y aura, en quelque sorte, chose jugée sur cette
question. C'est ainsi que la Cour de cassation a décidé,
par un arrêt, en date du 4 décembre 1837, qu'un
jugement qui déclare valable une saisie-exécution, faite
en vertu d'un titre, a l'autorité de la chose jugée sur
la validité de ce titre. Il serait néanmoins dangereux
d'étendre l'application de pareilles analogies; en principe, la chose jugée doit être restreinte aux points
que les parties avaient prévus dans leurs conclusions.

De même que les jugements, les sentences arbitrales doivent avoir l'autorité de la chose jugée, mais

(1) Cass., 31 décembre 1834.

à la condition qu'elles aient été rendues exécutoires par une ordonnance du président du tribunal compétent.

De l'autorité en France des jugements rendus à l'étranger.

La question de savoir si les jugements rendus à l'étranger peuvent avoir autorité en France constitue une partie importante de notre travail. Cependant nous n'avons pas à rappeler ici toutes les discussions auxquelles elle a pu donner lieu. L'autorité de la chose jugée étant une création du droit civil, il est évident que les jugements rendus à l'étranger ne doivent point avoir force exécutoire en France; telle est la règle admise dans l'état actuel de notre jurisprudence.

En effet, l'administration de la justice tient essentiellement aux lois particulières de chaque peuple, à une autorité qui ne peut pas s'étendre au-delà de ses frontières. Les jugements rendus par les magistrats d'une nation doivent donc perdre toute leur force civile en dehors des limites du territoire dans lequel ils ont été prononcés; car le pouvoir judiciaire, émanation du souverain, n'a d'autorité que renfermé dans ces mêmes limites.

Cette règle de droit public est déjà ancienne dans notre législation. Voici ce que portait à cet égard l'art. 121 de l'ordonnance de 1629 : « *Les jugements rendus*, contrats et obligations reçus *ès-royaumes et souverainetés étrangères* pour quelque cause que ce soit, *n'auront aucune hypothèque ni exécution en notre royaume;* ainsi tiendront les contrats lieu de simples promesses, et, *non obstant les jugements,* nos sujets contre lesquels ils ont été rendus *pourront de nouveau débattre leurs droits comme entiers par-devant nos officiers.* »

L'ordonnance de 1629 est longtemps demeurée en défaveur par suite de la disgrâce du chancelier Marillac qui en était l'auteur; mais elle n'a point cessé d'être en vigueur, puisqu'elle a été enregistrée par plusieurs parlements. De nombreux arrêts rendus en cette matière par la Cour de cassation établissent que, dans l'état actuel de notre jurisprudence, l'art. 121 doit encore être appliqué. Les art. 2123, 2128 du Code Napoléon et 546 du Code de procédure civile en ont admis le principe.

Si les jugements rendus à l'étranger n'ont aucune force en France, peu importe que le Français ait été demandeur ou défendeur. On ne peut pas lui objecter, s'il a été demandeur, qu'en portant sa cause devant un tribunal étranger, il a renoncé à intenter son action en France, car, le plus souvent, il n'aura eu que l'alternative de plaider ou de perdre sa créance. C'est ainsi que le jugeaient les anciens parlements, et la Cour de cassation a sanctionné leur décision.

Mais, d'après l'art. 2123 du Code Napoléon, les jugements rendus à l'étranger, s'ils sont *déclarés exécutoires* par un tribunal français, peuvent produire effet en France.

Que faut-il donc entendre par ces mots *déclarés exécutoires?* Il ne s'agit point ici d'une simple formalité,
comme autrefois les concessions de *pareatis* d'un ressort à l'autre, pour les jugements rendus dans l'inté-
rieur de la France, mais d'un pouvoir d'examen et de
révision, fondé sur un principe d'ordre public et de
souveraineté nationale et qui implique le droit d'ap-
précier, non-seulement la régularité des jugements,
mais encore le mérite et le caractère de leurs dispositions qui doivent être conformes aux principes établis
par nos lois et nos institutions politiques (1).

Les limites dans lesquelles s'exerce ce pouvoir de
révision des magistrats français prouvent que les simples actes d'instruction faits devant un tribunal étranger ne sont point anéantis. Une décision contraire
serait en contradiction avec cette règle de droit international, qui veut que les contrats reçus par des notai-
res étrangers et revêtus des formes prescrites dans les
lieux où ces actes sont passés soient admis en France
comme pièces probantes.

Quelle est l'autorité en France des sentences arbitrales rendues à l'étranger? Les arbitres n'ont pas
reçu, comme les juges ordinaires, leur pouvoir du
souverain; ils le tiennent des parties elles-mêmes qui
les ont choisis, et ont librement consenti à exécuter ce
qu'ils décideraient. Ils ne sont que des personnes privées et non point des officiers de la puissance publique. Les sentences arbitrales ne sauraient donc être

____

(1) Cass., 19 avril 1819. — Cour de Paris, 22 novembre 1851.

nulles dans les pays où elles n'ont point été rendues. Elles sont, en effet, un véritable contrat, et les contrats passés à l'étranger conservent, comme nous venons de le dire, leur puissance en France.

L'art. 2123 du Code Napoléon, dans sa partie finale et après avoir décidé que les jugements rendus à l'étranger n'ont de force en France que s'ils ont été déclarés exécutoires par un tribunal français, ajoute : « Sans préjudice des dispositions contraires qui peuvent être dans les lois politiques ou dans les traités.» L'histoire du droit international nous apprend, en effet, qu'il est quelquefois intervenu entre la France et des nations étrangères des traités portant que les jugements rendus dans un pays pourraient être exécutés dans l'autre. Remarquons toutefois que la restriction de l'art. 2123 est indépendante de la question de réciprocité, laquelle n'existerait qu'autant qu'elle serait formellement exprimée dans le traité.

Nous avons développé les conditions que doit réunir un jugement pour acquérir l'autorité de la chose jugée ; examinons maintenant à quelles règles est subordonné l'exercice du principe de l'autorité de la chose jugée.

DEUXIÈME PARTIE.

Des conditions nécessaires pour qu'il y ait chose jugée.

Pour qu'il y ait chose jugée, il faut, en droit français, comme dans le droit romain, que le même procès, *eadem quæstio*, soit porté devant le juge. L'article 1351 du Code Napoléon, dans sa première partie, dispose, en effet, que l'autorité de la chose jugée n'a lieu qu'à l'égard de ce qui a fait l'objet du jugement. La question qu'aura à examiner le magistrat n'est donc pas celle de savoir si le défendeur doit ou ne doit pas, mais s'il y a eu ou non une première condamnation, si la sentence des premiers juges peut laisser subsister une indécision quelconque, si la base de la seconde demande est la même que celle de la demande primitive, si les parties qui se présentent devant lui sont celles qui étaient en cause lors du premier jugement; enfin, si elles ont conservé dans la seconde instance la même qualité qu'elles avaient dans la première.

Quand toutes ces conditions se trouveront réunies, il y aura évidemment dans le second procès la même question à décider que dans le premier, et le demandeur sera repoussé par l'exception de la chose jugée.

C'est ainsi que, suivant les principes du droit romain, l'art. 1351, dans sa seconde partie, développe le sens des mots : *ce qui a fait l'objet du jugement.* « Il faut, porte en effet cet article, que la chose demandée soit la même, que la demande soit fondée sur la même cause, que la demande soit entre les mêmes parties et formée par elles et contre elles en la même qualité. »

Nous aurons donc, d'après ce texte, à examiner trois conditions :

1° Identité d'objet de la demande ;

2° Identité de cause ;

3° Identité des parties et de leurs qualités.

Toutes les règles établies par notre législation, sur la théorie si importante de l'autorité de la chose jugée en matière civile, sont contenues dans l'art. 1351, dont nous venons de transcrire les dispositions. C'est là que sont renfermés les véritables principes ; et il ne nous sera pas permis de nous en écarter dans la solution des questions difficiles et délicates que nous allons examiner. Le but que nous voulons atteindre, dans cette dissertation, est de concilier l'équité avec les règles sévères de l'art. 1351. Nous n'oublierons pas que, si la rigueur de l'autorité de la chose jugée est une nécessité sociale, il faut autant que possible que cette nécessité ne consacre pas des décisions trop injustes ; et toutes les fois que, sans blesser les règles du droit, les magistrats pourront résoudre une question selon la raison et l'équité, ils devront s'efforcer de le faire. En agissant ainsi, ils marcheront d'accord avec les véritables principes, car une nécessité doit être restreinte aux cas pour lesquels elle est indispensable.

Examinons maintenant, sans entrer dans des dé‑
veloppements que notre plan nous interdit, les ques‑
tions principales qui se sont présentées à l'examen des
jurisconsultes et des tribunaux, sur l'autorité de la
chose jugée en matière civile.

1° *Identité d'objet.*

Pour qu'il y ait identité d'objet, il faut que la nou‑
velle demande soit la même que celle qui a fait la
matière du premier jugement. Toutefois, il n'est pas
nécessaire que cette identité soit complète, c'est-à-dire
que la chose soit absolument dans l'état où elle se
trouvait lors du premier jugement. Si elle a subi quel‑
ques modifications dans sa forme, elle n'en sera pas
moins considérée comme constituant le même objet.
Ainsi, celui qui a demandé une maison déterminée,
et qui a succombé dans sa prétention, ne pourra pas
plus tard revendiquer cette même maison, dont la
valeur a augmenté par suite d'améliorations, ou dimi‑
nué par suite de détériorations. L'identité dans l'objet
de la demande ne doit donc pas être entendue dans
un sens mathématiquement absolu. Cette décision,
basée sur la raison et le bons sens, est conforme aux
principes du droit romain (1).

Il est souvent difficile de distinguer si l'objet de la
seconde demande est identique à celui de la première;
et cependant la décision des magistrats, à cet égard,

(1) Dig. *de except. rei jud*, L. 11.

est d'une extrême importance pour les parties. Il faudra donc leur laisser une grande latitude pour l'interprétation.

Il est de principe que l'autorité de la chose jugée doit résulter, non-seulement de ce qui est compris d'une manière formelle dans la première demande, mais encore de ce qui y rentre virtuellement. L'application de ce principe, éminemment vrai, a fait naître cependant entre les auteurs et dans la jurisprudence des décisions tout-à-fait contradictoires. On a voulu, dans une matière où une si large part doit être laissée à l'interprétation, établir des règles absolues auxquelles on a tenté de ramener toutes les solutions. Il en est résulté des décisions qui ne sont pas à l'abri de la critique.

Pour se débarrasser de la difficulté, les jurisconsultes romains avaient établi la maxime suivante : *Pars in toto continetur;* d'où les interprètes ont tiré le corollaire : *Non in parte totum continetur.* Ces deux axiômes, mathématiquement vrais, ne nous semblent pas pouvoir répondre toujours aux exigences de la pratique juridique, et c'est ce que la Cour de cassation a décidé dans quelques espèces. Sans doute, le système inventé par les Romains a le mérite de la simplicité, et, en l'appliquant d'une manière absolue, on parvient aisément à vaincre toutes les difficultés. Mais en droit, et dans une matière aussi délicate que l'autorité de la chose jugée, ce n'est pas en tranchant le nœud gordien que l'on peut arriver à une solution raisonnable. Cependant, dans quelques circonstances, il faudra appliquer la maxime des jurisconsultes romains, mais ce ne doit pas être d'une manière servile. Nous devons, avant tout, examiner si l'objet du second procès est en contradiction avec l'objet du premier, s'il y a entre eux incompatibilité absolue, et alors, mais alors seulement, nous déciderons que la demande n'est pas la même, et que l'exception de la chose jugée ne devra pas être appliquée.

Voyons quelques espèces que les jurisconsultes romains, et après eux, quelques auteurs français, ont décidées par l'application de la maxime : *Pars in toto continetur*.

Je forme contre un individu une demande en paiement d'une somme de 10,000 fr. : elle est rejetée; j'intente alors, et pour la même cause, une nouvelle demande de 1,000 fr. : ma prétention sera-t-elle accueillie? Non; et tel était l'avis des jurisconsultes romains. La règle : *Pars in toto continetur*, peut être appliquée ici sans aucun inconvénient. Il s'agit en effet d'une quantité, et le magistrat avait le pouvoir, s'il trouvait ma première demande exagérée, de la restreindre. Puisqu'il ne l'a pas fait, c'est qu'il a cru que je n'avais pas droit même à 1,000 fr. Ma seconde demande sera donc repoussée par l'exception de la chose jugée.

Autre espèce. — Vous demandez un domaine déterminé d'une manière générale; vous succombez; plus tard, vous réclamez une partie indivise de ce même domaine; pourra-t-on repousser votre prétention par l'exception de la chose jugée? Nous ne le pensons pas, et nous n'appliquons pas dans ce cas la décision du droit romain (1). En effet, il ne s'agit plus ici du même objet, et ma seconde demande ne vient point contredire la première. Il est évident que, de ce qu'il est jugé que vous n'êtes pas propriétaire *exclusif* d'un domaine, on ne peut pas conclure que vous n'avez pas sur ce domaine *une part indivise*. L'opinion que nous émettons a été sanctionnée par un arrêt de la Cour de cassation, en date du 14 février 1831, qui juge que, puisque dans le second procès la réclamation d'une propriété commune et indivise est l'unique objet de la demande, tandis que, dans le premier, il s'agissait d'une propriété exclusive, la chose demandée dans l'un et l'autre procès n'est pas la même, et que, par conséquent, l'objet du jugement ne peut pas non plus être le même.

Cet arrêt n'est point une décision isolée; nous pourrions encore en citer plusieurs autres qui lui donnent une autorité incontestable. Nous ne parlerons que d'un seul qui a été rendu dans une espèce remarquable, le 30 mars 1837. Un fonds était soumis à une servitude *non œdificandi;* le propriétaire de ce fonds, s'étayant sur un changement total des lieux, par suite duquel sa propriété se trouvait placée sur la voie publique, demanda d'une manière générale à être affranchi de la servitude, et la liberté absolue d'élever sur la rue telle construction que bon lui semblerait. Sa demande fut rejetée, sur le fondement que le changement, opéré

1) Dig. *de except jud.*, l. 7.

dans l'état des lieux, n'empêche pas la servitude de subsister. Il demanda alors, et d'une manière spéciale, le droit de bâtir sur la rue en profondeur seulement. Le Tribunal civil de la Seine, la Cour d'appel de Paris et la Cour de cassation accueillirent tour à tour cette prétention, en rejetant l'exception de la chose jugée fondée sur la maxime : *Pars in toto continetur*, qui avait été proposée par le défendeur. Nous trouvons dans l'arrêt de la Cour suprême un motif ainsi conçu : « Attendu que la
» demande générale, par laquelle on réclame un droit
» absolu et sans bornes, est tout-à-fait différente de la
» demande spéciale, par laquelle on réclame un droit
» déterminé, distinct du premier, et dont il n'a été
» nullement question à l'occasion du premier arrêt; que
» la disposition générale de cet arrêt, qui rejette la de-
» mande générale, ne rejette aucunement la demande
» spéciale, à l'égard de laquelle les parties n'ont rien
» réclamé et les juges n'ont rien jugé, *sententia generalis*
» *lata super petitione generali restringitur ope replicationis*
» *ad prosecuta tantùm (Glossa in lege 2, Cod. de judic.*). »

Nous pourrions multiplier les exemples; mais ceux que nous avons cités, choisis dans trois espèces bien différentes, prouvent suffisamment que la maxime : *Pars in toto continetur*, ne doit pas être admise d'une manière générale, et que dans notre droit, pour l'application de la règle ci-dessus, nous ne pourrions pas dire, comme le jurisconsulte Ulpien : *Nec interest utrùm in corpore quæratur, an in quantitate vel in jure* (1).

____

(1) Dig. *de except, rei jud.*, L. 7.

Mais examinons si l'axiôme géométrique : *Non in parte totum continetur*, est mieux fondé en droit. Quelques jurisconsultes, qui veulent l'application de la première règle d'une manière absolue, reculent devant les conséquences qu'amènerait l'admission de celle-ci. M. Duranton, par exemple, ayant découvert un texte d'Ulpien (1) qui lui paraît repousser l'axiôme : *Non in parte totum continetur*, déclare que, lorsqu'il a été décidé qu'une partie d'une chose n'est pas due, il est par cela même décidé que l'on ne doit pas le tout, puisque le tout comprend la partie. Cette opinion nous paraît aussi exagérée que celle que nous venons de combattre.

Nous pensons que la règle : *Non in parte totum continetur*, ne doit pas non plus être appliquée d'une manière absolue. En effet, lorsqu'il est jugé que vous ne possédez pas un cinquième d'un immeuble, il ne peut pas être décidé plus tard que vous possédez tout l'immeuble, y compris le cinquième que le premier jugement vous avait refusé. Il y aurait contradiction entre les deux décisions, au moins pour un cinquième; et c'est précisément pour éviter cette contradiction entre les jugements que le législateur a édicté les principes rigoureux de l'autorité de la chose jugée. La raison s'oppose donc à l'application de la règle: *Non in parte totum*. Néanmoins, nous n'irons pas jusqu'à dire, comme M. Duranton, que, par cela seul qu'on a jugé que vous n'étiez pas propriétaire d'un cinquième, il a

(1) Dig. *de except. rei jud.*, L. 3.

été décidé que vous n'étiez pas propriétaire du tout. Ce serait un résultat que repousse également le bon sens. Nous pensons donc que vous pourrez demander dans une seconde instance les quatre cinquièmes dont il n'a pas été question dans le premier jugement. Votre prétention, ainsi restreinte, aura évidemment un tout autre objet que la première.

Telle est, à notre avis, la manière dont il faut entendre, dans notre droit, les deux axiômes : *Pars in toto continetur, non in parte totum.*

Quelques difficultés se sont élevées sur la question de savoir si on peut, lorsque l'on a échoué dans la demande d'un usufruit, réclamer la propriété, et réciproquement. Il faut bien s'entendre sur la signification que doit avoir ici le mot usufruit. Il est bien évident qu'il ne s'agit pas de l'usufruit inhérent à la propriété, de ce que les docteurs appellent l'usufruit *causal.* Il est question de l'usufruit proprement dit sur une chose dont on n'a pas la propriété : de l'usufruit *formel.* Cette distinction bien comprise, la question que nous avons posée, et qui a donné lieu à quelques dissentiments, parce que l'on ne s'entendait pas sur le sens du mot usufruit, ne pourra plus offrir de sérieuses difficultés.

L'usufruit formel n'est point, en effet, une partie de la propriété : *ususfructus non dominii est pars* (1); il en est parfaitement distinct. Il suit de là que, si vous avez succombé dans la demande de l'usufruit, vous

______

(1) Dig. *de verb. sign.* l. 25.

pouvez prétendre à la propriété; car ce n'est plus la même chose qui est en question. De même, vous pourrez, après avoir succombé sur la demande de la propriété, réclamer l'usufruit (1). On ne saurait tirer contre cette opinion un argument de la L. 3 au Digeste *de exceptione rei judicatæ.* Ce texte est ainsi conçu : *Si fundum meum esse petiero, deinde posteà usumfructum ejusdem fundi petam qui ex illà causâ, ex quâ fundus meus erat, meus sit, exceptio mihi obstabit.* Il est facile de voir qu'il s'agit ici de l'usufruit inhérent à la qualité de propriétaire, de l'usufruit causal. Or, il est bien clair que je l'ai réclamé en demandant la propriété; la décision du jurisconsulte romain est très-exacte. Mais il n'est point question dans ce texte du véritable usufruit distinct de la propriété, et qui ne peut appartenir précisément qu'à celui qui n'est pas propriétaire.

L'usage et l'usufruit étant deux droits parfaitement séparés, lorsque l'on aura échoué dans une demande ayant pour objet l'usufruit d'un fonds, on pourra, sans craindre l'exception de la chose jugée, réclamer l'usage de ce même fonds.

L'action possessoire et l'action pétitoire étant différentes, et n'ayant pas le même but, la chose jugée au possessoire n'aura point d'effet au pétitoire. Si la proposition inverse n'est point exacte, c'est que l'on est censé, d'après les principes de notre droit, avoir renoncé à l'avantage de la possession en plaidant sur la propriété.

(1) Cass., 21 vend. an XI.

Une demande d'intérêts et une demande de capital ne sauraient non plus être la même chose : c'est pourquoi, si j'ai succombé dans une première instance ayant pour objet les intérêts, je puis ultérieurement prétendre au capital, à moins que ma première demande n'ait été écartée sur le fondement qu'il n'y avait pas de capital.

2° *Identité de cause.*

L'identité d'objet ne suffit pas pour que le défendeur puisse opposer à une nouvelle demande l'exception de la chose jugée, il faut encore qu'il y ait identité de cause. Le même objet peut donc être plusieurs fois demandé, lorsque la nouvelle prétention est fondée sur une cause différente de la première.

Que doit-on entendre par *cause?* Il est indispensable de donner une définition complète de ce mot, car les auteurs ne sont pas d'accord sur le sens qu'il faut lui attribuer, et leurs décisions contradictoires ont donné naissance dans la pratique à de grandes difficultés. Pour éviter le danger, quelques jurisconsultes se sont dispensés d'indiquer même sommairement ce qu'il fallait entendre par cause de la demande, d'autres se sont contentés d'une quasi-définition qui laisse un vaste champ aux conjectures.

Nous pensons que le sens qu'il faut donner au mot *cause* nous est suffisamment démontré dans le droit romain, et que, dans cette matière, la cause sera ce que le jurisconsulte Neratius appelait : *Causa proxima actionis* (1), expression que nous traduirons ainsi : *Le fondement immédiat de l'action que l'on exerce.*

Voyons quelles conséquences l'on peut tirer de cette définition. Il en résulte d'abord qu'il ne faut pas confondre la cause de la demande avec les moyens employés pour la faire valoir. Ainsi, un procès ne pourrait être recommencé sur le fondement que la partie qui a succombé a découvert de nouveaux moyens pour appuyer sa prétention, quelle que soit l'origine des moyens qu'elle veut invoquer. On sera donc repoussé par l'exception de la chose jugée, basée sur ce que la cause est la même et que l'on n'oppose que de nouveaux moyens, lorsque l'on voudra se prévaloir d'un texte de loi qu'on avait oublié d'objecter dans le premier procès ; lorsque l'on offrira de prouver des faits que l'on n'avait pas d'abord articulés ; lorsque l'on voudra opposer des pièces nouvelles qui n'avaient pas été retenues par le fait de la partie adverse, car l'action en *lief de comminatoire*, longtemps en usage en Bretagne, est tombée sous le coup de la réprobation de tous les jurisconsultes modernes, qui ont compris qu'elle n'offrait qu'un moyen de perpétuer les procès à l'infini.

A cette partie de notre travail se rattache une question qui a soulevé de grandes controverses. On s'est demandé quelle serait, sur le jugement de condamnation au paiement d'une dette, l'influence de la quittance retrouvée après ce jugement. Notre intention n'est pas, dans cette dissertation qui ne doit

(1) Dig. *de excep. rei jud.*, L. **27**.

être qu'un exposé succinct de principes, d'entrer dans les détails si variés que présente ce sujet. La solution de cette question nous paraît, en effet, devoir dépendre le plus souvent des nuances fort délicates que l'on peut trouver dans les diverses hypothèses qui sont portées devant les tribunaux. C'est ce qui explique les variations de la jurisprudence à cet égard, car il faut reconnaître que la question de fait, en matière de chose jugée surtout, peut et doit exercer une grande influence sur les décisions des magistrats. Il nous semble donc fort dangereux d'admettre à *priori* une opinion absolue, par laquelle on voudrait résoudre la difficulté d'une manière uniforme dans toutes les circonstances. Nous pensons que, pour arriver à une solution exacte sur les diverses espèces qui peuvent se présenter au sujet de la question qui nous occupe, il faudra avant tout examiner s'il s'agit dans le second procès du même objet que dans le premier, s'il y a, en un mot, *eadem quæstio*. Là sont les véritables principes que nous ne devons pas un seul instant perdre de vue en cette matière.

Il ne faut donc pas confondre la cause avec les moyens. Mais ce n'est pas là toute la difficulté. Parmi les causes sur lesquelles peut se fonder une action, il y en a de médiates et d'immédiates. Les causes immédiates, nous l'avons déjà dit, sont les seules dont les juges doivent rechercher l'existence en cette matière. D'où il résulte que les causes médiates, qui ne constituent que la cause de la cause, ne peuvent servir de base à une nouvelle action.

Ainsi, l'on admet généralement que, lorsqu'on a demandé la nullité d'un acte notarié pour vice de forme résultant, par exemple, de la minorité d'un témoin, on ne peut attaquer ce même acte une seconde fois en opposant un vice de forme tiré de toute autre circonstance. Quelle a été, en effet, dans la première instance, la cause immédiate de l'action en nullité? C'est le défaut de forme légale; et, bien que la violation de chaque formalité distincte, exigée pour la validité d'un acte notarié, constitue un vice différent, tous ces vices rentrent dans le défaut de forme légale, cause de la première action. Le juge ne doit donc point s'arrêter à la cause spéciale (*causa remota*), à l'aide de laquelle on voudrait faire décider que l'acte notarié n'est pas revêtu de la forme légale; autrement, il lui donnerait une importance qu'elle ne saurait avoir sans violer les principes de la chose jugée.

Il en sera de même lorsque le demandeur, voulant faire annuler une convention pour cause de vice de consentement, aura succombé en plaidant qu'il y avait eu erreur de sa part. Il ne pourra pas plus tard être admis à renouveler l'instance en invoquant le dol ou la violence, car la base immédiate de l'action, le vice de consentement, a été l'objet du premier jugement; l'erreur, le dol et la violence ne constituent que des bases médiates, des causes de la cause.

Telle est, selon nous, la manière dont il faut entendre, en cette matière, le sens du mot cause. Les conséquences qui en découlent sont sévères et paraissent, au premier abord, sanctionner un résultat peu équitable; car la cause médiate d'une action sur laquelle on voudrait se fonder peut n'avoir pas été présentée une première fois, parce que l'on ignorait son existence; dans tous les cas, le juge n'a point décidé sur elle, et cependant nous admettons qu'elle doit être repoussée sans discussion.

Cette rigueur se justifie par l'idée fondamentale que nous devons avoir toujours présente en cette matière: que l'autorité de la chose jugée est une nécessité sociale, une loi d'ordre public. Si l'on permettait que la demande pût se renouveler autant de fois que l'on trouverait pour l'appuyer le prétexte d'une cause médiate, non discutée dans la première instance, les procès n'auraient jamais de fin, et la même question pourrait être portée devant les magistrats un nombre infini de fois. Les jugements ne seraient jamais que provisoires; il en résulterait dans la fixation des droits une incertitude désastreuse.

Quelque sévère qu'en puisse être la conséquence, il faut donc ne tenir compte que de la cause immédiate, et rejeter toute demande qui se produirait à l'aide de nouveaux moyens ou de causes ayant plus ou moins d'affinité avec la cause immédiate.

On le comprend aisément, dans une pareille matière, le magistrat aura un grand pouvoir d'examen pour tracer une délimitation, souvent difficile, entre la *causa proxima* et la *causa remota* de la demande. Quant aux plaideurs, pour diminuer autant que possible tout ce que le droit peut avoir de rigoureux à leur égard, ils devront, quand ils se présenteront devant le juge, examiner tout ce qui, dans les procès qu'ils soutiennent, peut faire pencher en leur faveur la balance de la justice, afin de ne rien oublier d'essentiel.

Chaque fois donc que la cause immédiate de l'action ne sera pas la même, il n'y aura pas chose jugée. Ainsi seraient parfaitement admissibles deux demandes en nullité d'une convention, lorsque l'une est fondée sur le manque d'objet et l'autre sur le défaut de consentement. Il s'agit bien dans les deux cas d'une action en nullité, mais la cause n'est pas la même; on excipe dans les deux instances de l'absence de deux conditions différentes et indispensables l'une et l'autre à l'existence d'une obligation.

La même décision est applicable quand un bail est attaqué au moyen d'une cause de nullité, et que plus tard, après avoir succombé, le demandeur intente une action en résolution de ce bail. Dans la première instance, en effet, il avait attaqué l'acte en soi, dans sa forme et dans son essence, tandis que dans la deuxième il le suppose originairement valable et ne veut que le priver d'effets à l'avenir pour causes étrangères à son essence ou à sa forme et survenues depuis sa date; il n'y a donc point identité de cause.

Ces exemples suffisent pour bien démontrer en quoi la cause de la demande diffère des moyens et de la cause médiate. Mais il y a encore un autre écueil contre lequel il faut se prémunir, c'est la confusion que quelques auteurs ont faite entre la cause et l'objet de la demande. Ces deux choses sont cependant bien

différentes, car l'objet de la demande est le but que
l'on se propose, et la cause est le fondement à l'aide
duquel on veut atteindre ce but. Ainsi, lorsque je veux
faire rescinder un testament, la nullité de l'acte est
l'objet de ma demande, le but auquel je veux atteindre, et non point la cause, qui peut être fondée, soit
sur un vice de forme, soit sur toute autre dérogation
aux règles tracées à cet égard par le Code Napoléon.
De même, dans une poursuite criminelle, l'application
de la peine n'est pas la cause de l'action, comme on
l'a prétendu, mais son objet, le but vers lequel elle
tend ; la cause de l'action, c'est le délit ou le crime
qui lui a donné naissance.

Examinons maintenant ce qui doit arriver lorsque,
pour atteindre le même résultat, on a le choix entre
deux actions à intenter. L'exception de la chose jugée
n'en sera pas moins admise, alors même que la seconde action serait plus étendue et différente de la
première, si elles sont fondées sur la même cause.
Par exemple, lorsque j'ai acheté un cheval infecté
d'un vice rédhibitoire, j'ai le choix entre l'action résolutoire et l'action en diminution du prix (*actio quanti
minoris*). Mais si, après avoir succombé dans l'exercice
de l'une de ces actions, je veux intenter l'autre, je serai
repoussé par l'exception de la chose jugée, car ces
deux actions, quoique différentes dans leur objet,
sont fondées sur la même cause, le vice rédhibitoire (1).

(1) Dig. *de excep. rei jud.*, L. 25, § 1.

De même si, après avoir succombé dans une demande en pétition d'hérédité, je voulais intenter une action en partage, je ne saurais être admis à discuter mon prétendu droit, car ces deux actions, quoique tendant à un but tout-à-fait distinct, sont basées sur la même cause : le droit que je soutiens avoir sur les objets héréditaires (1).

En principe, lorsque deux actions sont fondées sur deux causes différentes, elles peuvent, l'une et l'autre, être intentées sans que l'exception de la chose jugée puisse être opposée. Il y a cependant une restriction à cette règle, c'est lorsque les deux actions, séparées dans leur origine, sont, par suite de succession, confondues sur la même tête avant d'avoir été exercées. Ainsi, celui qui a accepté purement et simplement une succession, ne peut pas, après avoir échoué dans une demande, intenter, pour le même objet, l'action qui appartenait au *de cujus*. Il s'est, en effet, opéré une confusion par suite de l'acceptation sans réserve de la succession (2). Mais s'il avait accepté sous bénéfice d'inventaire, la confusion ne se serait pas faite, et les deux actions auraient pu concourir.

Nous devons ici examiner la valeur d'un brocard de droit, dont l'application littérale pourrait amener à des conséquences contraires aux principes que nous venons d'exposer. Ce brocard, que les interprètes ont formulé en ces termes : *Electâ unâ viâ non datur recursus ad alteram,*

(1) Dig. *de except. rei jud.*, L. 8.
(2) Dig. *de act. emp.*, L. 10.

n'est écrit dans aucun texte de loi, soit ancienne, soit nouvelle. En droit romain, il était admis, dans quelques cas particuliers, que lorsque l'on avait intenté une action, on ne pouvait pas, pour le même objet, en former une seconde. Ainsi, celui qui avait contracté avec un fils de famille pouvait choisir entre l'action *tributoria* et l'action *de peculio;* mais quand il avait succombé sur l'une de ces actions, il ne pouvait renouveler sa demande au moyen de l'autre. La même précision était faite pour l'exercice des actions *quod jussu* et *tributoria.* C'est de ces décisions particulières et de quelques autres encore qu'il est inutile de citer, que les interprètes ont conclu, que, dans le concours alternatif de plusieurs actions, l'exercice de l'une éteint les autres. Le président Favre justifie cette solution, par la raison que, par cela que le demandeur a opté pour l'une des actions qu'il pouvait intenter, il a renoncé à se servir des autres (1)

Un pareil système, il est facile de le voir, renverserait les principes que nous avons admis. Il faudrait en conclure que, lorsque l'on a pour atteindre le même but deux actions différentes qui ne sont point basées sur la même cause, on ne peut, après avoir échoué par l'une, faire usage de l'autre. Aussi repoussons-nous énergiquement l'application illimitée du brocard : *Electâ unâ viâ non datur recursus ad alteram.* Elle doit être restreinte au cas où les deux actions sont fondées sur la même cause. Les motifs sur lesquels le président

____

(1) *Rationalia* sur la loi 9, § 1, Dig. *de tribut. act.*

Favre appuie son opinion nous paraissent contraires aux règles de la logique; car si la loi m'a donné pour former une demande deux actions différentes, c'est pour que j'aie plus de moyens de faire valoir mon droit; il est donc contraire à l'esprit de la loi de conclure de ce que j'ai exercé une de ces actions que j'aie voulu abandonner les autres. Nous ne saurions admettre d'ailleurs l'existence d'une renonciation tacite, quand, dans les principes de notre législation, la renonciation ne peut se présumer.

Il nous semble, en outre, que les interprètes ont mal compris le sens des lois romaines qu'ils citent; car si Ulpien, dans la loi commentée par le président Favre, a dit qu'on ne peut pas faire usage de l'action *de peculio* après avoir agi par l'action *tributoria*, il a eu le soin d'ajouter : *Planè si quis velit, ex alià causà, tributorià agere, ex alià causà de peculio agere, audiendus erit.* Il faut donc, d'après ce texte, pour que ces deux actions ne puissent être simultanément intentées, qu'elles soient fondées sur la même cause.

L'application générale, à tous les cas, de la maxime : *Electà und vià, non datur recursus ad alteram,* peut donc amener à des résultats contraires à la logique et au droit. Pour lui rendre son véritable sens, il faut ajouter ces mots : *Nisi ex alià causà agatur.*

Quelques interprètes pensent qu'en droit romain, celui qui intentait une action réelle, sans aucune réserve, avec la formule ordinaire, ne pouvait pas dans la suite demander la même chose à un autre titre, parce qu'il avait été jugé d'une manière absolue qu'il n'était pas propriétaire. Quoi qu'il en soit de l'exactitude de cette supposition, qui n'est pas adoptée par tous les commentateurs, et qui semble démentie par la loi 14, § 2, au Digeste, *de exceptione rei judicatæ*, et par la loi 11, § 2, de ce titre, il n'en pouvait être de même quand l'action était personnelle. Il n'est point douteux que cette distinction ne saurait être admise dans notre droit, qui a su se dépouiller de toutes ces entraves qui ont si souvent gêné les jurisconsultes romains dans leurs solutions. L'art. 61 de notre Code de procédure ne saurait laisser aucun doute à cet égard, puisqu'il exige que l'exploit d'ajournement contienne l'exposé sommaire des moyens. Il n'existe, en outre, aucune disposition qui ordonne au demandeur, dans une action réelle, de faire valoir tous les titres en vertu desquels il prétend avoir acquis son droit à peine de déchéance. Les rédacteurs du Code ont d'ailleurs consacré notre opinion, en exigeant l'identité de cause, sans faire de distinction entre les actions réelles et les actions personnelles.

3° *Identité des parties et de leurs qualités.*

Il ne suffit point, pour donner à la décision du magistrat l'autorité de la chose jugée, que la demande soit la même et qu'elle ait pour fondement la même cause : il faut encore qu'elle soit entre les mêmes parties, et formée par elles et contre elles en la même qualité. Cette troisième condition est une conséquence de ce grand principe d'équité, qui veut que nul ne

puisse être condamné sans avoir été entendu. Elle
découle de cette règle de raison reproduite par les
jurisconsultes romains sous tant de formes diverses :
que la chose jugée ne peut nuire ni être utile à celui
qui n'a point été partie dans le procès. Ainsi, le jugement rendu avec un copropriétaire d'une créance divisible ne saurait être opposé aux autres, encore qu'il
y ait identité d'objet et de cause. Ils peuvent avoir, en
effet, des moyens nouveaux, de nouvelles preuves,
que seuls ils peuvent faire valoir, pour établir la légi-
timité de leur droit.

Quel sens devons-nous attribuer à cette expression
de l'art. 1351 : *mêmes personnes?* Il ne s'agit point
ici d'identité absolue de personnes physiques; car souvent la même personne physique n'est pas la même
personne juridique. Il peut y avoir diversité juridique
de personnes malgré l'identité physique ; et, réciproquement, il peut y avoir identité juridique, malgré la
diversité physique. C'est-à-dire que, sans avoir figuré
par soi-même dans une instance, on peut y avoir été
représenté suffisamment par un autre; et si, plus
tard, on voulait renouveler le procès, on serait déclaré
non-recevable. Mais ce n'est pas tout, et il ne suffit
pas pour que l'exception de la chose jugée puisse être
opposée par le défendeur que le demandeur ait agi
dans l'instance par lui-même ou qu'il y ait été représenté, il faut encore qu'il procède en la même qualité,
c'est-à-dire avec le même titre personnel.

Ces règles qui, au premier abord, paraissent fort
simples, ont néanmoins soulevé, dans leur applica-

tion, de grandes difficultés. Les controverses les plus
vives se sont élevées entre les auteurs sur la solution
de quelques questions qui s'y rattachent, et elles sont
loin d'être terminées. Nous allons, sans entrer dans
de longs détails, examiner quelques cas particuliers
qui se sont présentés à l'appréciation des jurisconsultes, ou sur lesquels la jurisprudence a eu à prononcer.

La chose jugée avec le défunt et contre lui peut
être opposée à son héritier; car il continue sa personne et tient de lui les droits qu'il exerce. Cependant, si l'héritier élevait, en son nom et d'après un
droit personnel, des prétentions sur un objet qu'aurait vainement demandé son auteur, il ne pourrait
pas être repoussé par l'exception de la chose jugée.
Dans la seconde instance, en effet, l'héritier agit en
son nom et non point comme héritier (1). Ces principes ne varient point, soit que l'héritier ait accepté la
succession de son auteur purement et simplement,
soit qu'il l'ait acceptée sous bénéfice d'inventaire. Il
faut cependant remarquer que l'héritier bénéficiaire
n'est tenu d'exécuter les condamnations prononcées
contre son auteur, que dans les limites fixées par
le Code Napoléon, à la section du bénéfice d'inventaire.

Quant aux successeurs à titre particulier, la même
décision doit leur être appliquée; ils sont, en effet,
les ayant-cause de leur auteur, c'est de lui qu'ils tien-

____

(1) Dig. *de except. et præscript.* L. 10.

nent leur droit. La chose jugée contre lui leur est
donc opposable, et réciproquement ils peuvent se prévaloir des jugements rendus en sa faveur, concernant
l'objet auquel ils succèdent. On ne doit établir
aucune distinction entre les successeurs à titre onéreux et les successeurs à titre gratuit. S'il est jugé, par
exemple, en ma faveur et contre un tiers, que je suis
propriétaire du fonds Titien, et que, plus tard, je vous
fasse donation de ce fonds, vous pourrez opposer
l'exception de la chose jugée au tiers, qui voudrait
renouveler une prétention dans laquelle il a succombé
contre moi, votre auteur.

De même, si vous avez été déclaré mal fondé dans
votre prétention contre un tiers, le jugement rendu
en sa faveur aura contre vous l'autorité de la chose
jugée au profit de son acquéreur (1). La décision rendue contre l'auteur ou en sa faveur doit donc nuire
ou servir au successeur à titre particulier; mais la
proposition contraire ne serait point vraie. Ainsi, le
vendeur qui voudrait revendiquer un fonds, dont la
propriété aurait été enlevée à son acquéreur, ne serait
pas repoussé par l'exception de la chose jugée (2).

Examinons quel doit être sur ce point l'effet de la
condition. Supposons qu'une vente, par exemple, ait
été faite sous condition suspensive : la chose jugée
avec le vendeur pourra-t-elle être opposée à l'acheteur, quand la condition se réalisera? En d'autres ter-

(1) Dig. *de except. rei jud.* l. 11, § 3.
(2) Dig. *cod. tit.* L. 9, § 2.

mes, le vendeur aura-t-il suffisamment représenté l'acheteur? Nous ne le pensons pas, à cause de l'effet rétroactif de la condition. Le procès a été intenté contre un individu qui n'avait pas mission suffisante pour soutenir seul le débat. Mais ne pourrait-on pas dire, contre cette opinion, qu'il existe un mandat tacite entre l'acheteur et le vendeur qui demeure en possession de la chose? Bien que cette objection ait une certaine force, nous avons de la peine à croire à un mandat tacite d'une telle étendue.

Que décider dans le cas de condition résolutoire? La chose jugée avec l'acheteur, sous condition résolutoire, devra-t-elle lier le vendeur? Tel n'est pas notre avis, et toujours à cause de l'effet rétroactif de la condition.

Le créancier chirographaire est représenté par son débiteur dans les instances qui ont lieu entre ce dernier et des tiers. Cette décision est indépendante de la date de la créance. Peu importe qu'elle ait pris naissance avant ou depuis le procès. Le créancier, en effet, est l'ayant-cause de son débiteur; la chose jugée contre ce dernier doit donc lui être opposée. Il a bien un droit sur le patrimoine de son débiteur, en vertu de l'art. 2092 du Code Napoléon, mais ce droit n'entame pas la propriété, et celui qui a des dettes demeure néanmoins libre de disposer de son bien. Il est presque inutile de dire qu'un pareil résultat ne serait plus admissible, et qu'on ne pourrait opposer au créancier chirographaire la chose jugée avec le débiteur, s'il y avait eu concert frauduleux entre ce dernier et son adversaire au préjudice des droits du créancier. L'art. 1167 du Code Napoléon donne en effet au créancier le pouvoir d'attaquer les actes de son débiteur faits en fraude de ses droits.

Cette décision est généralement adoptée. Mais une vive controverse s'est élevée sur le point de savoir si la chose jugée avec le débiteur peut être opposée au créancier hypothécaire. L'affirmative et la négative ont été également soutenues avec force et conviction. La jurisprudence appelée souvent à se prononcer sur cette question n'est point encore fixée.

Le créancier hypothécaire peut avoir obtenu son droit sur l'immeuble de son débiteur, soit avant l'introduction de l'instance, soit depuis et avant le jugement, soit après le jugement.

Si l'hypothèque n'a pris date qu'après le jugement, il est évident, aux yeux de tous, que le créancier ne pourra pas soulever, par une nouvelle demande, la question de propriété déjà jugée. Sa prétention ne pourrait s'appuyer sur aucun droit.

Lorsque la constitution d'hypothèque aura eu lieu après l'introduction de l'instance, mais avant le jugement, le créancier hypothécaire pourra, s'il le juge convenable, intervenir à ses frais dans le procès; mais nous pensons que, s'il n'a pas usé de ce bénéfice, la chose jugée avec son débiteur pourra lui être opposée. Son droit est en effet soumis à une condition : l'issue du procès; il devra donc en subir toutes les conséquences (art. 2125 Cod. Nap.).

Enfin, et ici la question prend une véritable importance, si la date de l'hypothèque est antérieure à l'instance, le créancier pourra-t-il repousser l'exception de la chose jugée? Nous croyons qu'il ne le pourra pas, et que l'exception de la chose jugée lui sera opposable, tout en lui reconnaissant le droit d'intervenir dans l'instance à ses frais, et en exceptant le cas où il y aurait fraude de la part du débiteur.

Cette opinion a été vivement combattue. Voici les objections que l'on a présentées contre elle; on a dit: « Celui qui s'est dessaisi d'un droit réel quelconque, une hypothèque par exemple, a renoncé par cela même à rien faire de contraire à ce droit par des actes postérieurs. Ainsi, l'usufruitier et l'usager ne sont pas tenus des résultats d'une condamnation obtenue contre le propriétaire. Pareille décision doit être adoptée en faveur du créancier hypothécaire, puisque, comme l'usufruit et l'usage, l'hypothèque est un droit réel. Bien plus, le propriétaire qui a cédé un droit réel sur son fonds n'en a plus la propriété pleine et entière; il ne peut donc la compromettre sans l'intervention du cessionnaire. Enfin, on invoque les principes du droit romain.

La base de ce raisonnement repose sur une assimilation entre le droit d'hypothèque et les droits d'usufruit, d'usage et autres semblables. Cette assimilation ne nous paraît point exacte; car il existe, suivant nous, de grandes différences entre ces divers droits que l'on voudrait confondre. L'hypothèque est bien un droit réel sur un immeuble, mais ce droit est loin d'avoir la même étendue que l'usufruit, l'usage, etc.

Elle ne démembre point, en effet, la propriété de celui dont elle grève les biens. Elle donne seulement au créancier qui l'a obtenue un droit de préférence sur les autres, pour être payé avant eux sur le prix de l'immeuble ; elle lui fait acquérir encore un droit de suite qui n'appartient pas aux créanciers simplement chirographaires. La propriété reste donc pleine et entière entre les mains du débiteur, qui seul a le droit d'en jouir comme il l'entend, et d'une manière absolue. L'usufruit et l'usage, au contraire, ne sont pas seulement des droits réels, ce sont des démembrements de la propriété. Celui au préjudice duquel ils existent n'a plus qu'un droit incomplet ; une partie de son domaine est véritablement aliénée. Cela est si vrai, qu'il ne dépend pas de lui de la reprendre et de la céder, nonobstant la volonté de l'usufruitier et de l'usager. Tandis que le débiteur dont le bien est hypothéqué n'a donné qu'une simple garantie qui n'entame point le droit de propriété, et qu'il peut faire cesser quand il le veut, indépendamment de la participation de son créancier, par le paiement de la dette.

Il y a donc entre le droit d'hypothèque et les droits d'usufruit, d'usage, etc., des différences saillantes dont il est nécessaire de tenir compte. Par conséquent, nous ne devons pas conclure, de ce que la chose jugée avec le propriétaire ne peut être opposée à l'usufruitier et à l'usager, que la même décision soit applicable quand il s'agit d'un créancier hypothécaire.

Quant à l'argument tiré de ce qui avait lieu dans les

principes du droit romain, nous ferons d'abord remarquer que les interprètes ne sont pas toujours d'accord sur la manière de concilier les divers textes qui
se rattachent à cette question. En admettant même
qu'ils condamnent d'une manière absolue notre opinion,
nous ne verrions pas, pour le cas qui nous occupe,
quel argument on pourrait en tirer en droit français.

En cette matière, comme en beaucoup d'autres,
les jurisconsultes romains ont été entravés par la sub-
tilité des formes de la procédure. L'action hypothécaire et l'action en revendication ne s'introduisaient
pas de la même manière. Dans la première de ces
actions, qui était *in factum*, on ne s'appuyait pas sur
l'existence d'un droit, comme dans la seconde; le jugement rendu sur l'une ne pouvait pas avoir d'effet sur
l'autre, puisqu'elles n'avaient pas le même objet. Enfin,
et ceci est très-essentiel, dans le droit romain, pour
constituer une hypothèque, il ne fallait pas avoir la
véritable propriété de l'immeuble, *ex jure quiritium*,
il suffisait de l'avoir *in bonis*. Tous ces principes n'existent plus dans notre législation; et dès-lors ils ne
sauraient prêter un solide appui à la décision que
nous combattons.

Nous pensons donc qu'aucune différence ne doit
être faite entre le créancier chirographaire et le créancier hypothécaire, sous le rapport de l'autorité que doit
avoir à leur égard la chose jugée avec leur débiteur;
l'un et l'autre ont été suffisamment représentés dans
l'instance.

Quelques observations vont fortifier encore cette

opinion. L'art. 1er du titre 35 de l'ordonnance de 1667 est ainsi conçu : « Les arrêts et jugements en dernier ressort ne pourront être rétractés que par lettres en forme de requête civile, à l'égard de ceux qui y auront été parties ou dûment appelés, et de leurs héritiers, successeurs ou ayant-cause. » Cet article a été reproduit, sinon littéralement, du moins dans son esprit par l'art. 474 du Code de procédure civile. Dans l'ancien droit français, on tirait de cette disposition la conséquence que les jugements rendus pour ou contre l'auteur ont force de chose jugée pour ou contre l'ayant-cause. Or, il était admis, comme le fait observer Merlin, qu'un créancier était, relativement à l'exception de la chose jugée, considéré comme l'ayant-cause de son débiteur. En effet, disait-on, le créancier hypothécaire ou chirographaire, peu importe, tire son droit de son débiteur. Le créancier hypothécaire n'a un droit réel sur l'immeuble de son débiteur, que parce que celui-ci le lui a affecté. Il est donc suffisamment représenté par lui dans l'instance relative à la propriété de cet immeuble. Il serait contraire à toutes les règles de la raison de donner à l'ayant-cause plus de droits qu'à l'auteur. Sans vouloir examiner ici la valeur d'une pareille argumentation, nous la reproduisons comme un fait qui doit nécessairement venir à l'appui de notre décision.

Enfin, si l'on admettait l'opinion que nous combattons, il faudrait donner au droit d'hypothèque une extension qu'il ne doit pas avoir. Il faudrait décider, et ceci est une conséquence rigoureusement logique,

que les questions de propriété ne pourront être jugées
d'une manière stable, que lorsque tous les créanciers
hypothécaires auront été appelés dans l'instance. Supposons en cause un homme chargé de dettes : il faudra
admettre les prétentions successives de tous les créanciers ayant hypothèque sur l'immeuble litigieux. Qu'arrivera-t-il alors? Que la question de propriété restera
dans l'incertitude pendant un temps illimité, résultat
évidemment contraire aux principes de la raison et de
l'ordre social.

Nos adversaires ont compris toute la force de l'objection; aussi ont-ils allégué que le créancier hypothécaire n'attaquerait que fort rarement les jugements
rendus sans fraude avec son débiteur. Mais pourquoi
donc, alors, demander avec tant d'insistance un droit
dont on reconnaît le peu d'utilité?

On a ajouté encore que notre opinion serait fatale au
crédit hypothécaire; car le créancier n'étant admis,
selon nous, à attaquer les jugements intervenus contre
son débiteur qu'en prouvant la fraude, chose fort difficile à établir, il ne placerait pas facilement ses fonds
sur hypothèque. L'exagération de ce raisonnement
est par trop évidente, pour qu'il soit nécessaire
de la faire ressortir. La fraude est bien rare dans les
questions de propriété, et, quand elle existe, il n'est
pas si difficile de l'établir qu'on a voulu le prétendre.

En résumé, sur ce point important, le créancier
hypothécaire est suffisamment représenté par son débiteur, et la chose jugée avec ce dernier peut lui être
opposée.

Remarquons, en terminant cette discussion, que si les créanciers sont représentés par leurs débiteurs, les débiteurs ne sauraient être représentés par leurs créanciers.

La chose jugée avec le mandataire peut être opposée au mandant; de même le pupille est lié par la décision rendue avec le tuteur : il y a, en effet, représentation suffisante. Les personnes morales sont aussi en cause par leurs administrateurs, et tout jugement rendu avec eux leur est opposable. Il en sera de même par rapport au jugement rendu pour ou contre le mari administrateur des biens de la femme, à l'égard de la femme; pour ou contre l'envoyé en possession provisoire des biens d'un absent, à l'égard de l'absent; pour ou contre le curateur d'une succession vacante, à l'égard de l'héritier; pour ou contre le gérant d'une société commerciale, à l'égard des associés, etc. Toutes ces personnes, mandataires légaux, judiciaires ou volontaires, représentent le *dominus litis*, tant qu'il n'y a pas eu collusion préjudiciable à leurs droits. S'il en était autrement, le *dominus litis* pourrait exercer la voie de la tierce-opposition; car il n'y aurait pas eu représentation suffisante.

La chose jugée contre le grevé d'une substitution pourra-t-elle être opposée aux appelés ? Non ; car les appelés, en cette qualité, n'ont pas le grevé pour auteur. Ils tiennent les biens du disposant primitif *à gravante* et *non à gravato*. La propriété intermédiaire du grevé est donc effacée. Mais les appelés ne pourraient former tierce-opposition au jugement rendu au profit d'un tiers, contre le grevé et le tuteur à la substitution, parce qu'ils auraient été représentés dans l'instance.

Examinons maintenant quelle est, quant à l'autorité de la chose jugée, la position respective du débiteur principal et de la caution. Supposons d'abord un jugement rendu en faveur du débiteur principal. Il devra profiter à la caution, puisque le cautionnement n'est qu'un engagement accessoire qui tombe avec l'obligation principale (1), et que, d'autre part, priver la caution du bénéfice du jugement, serait préjudicier au débiteur principal qui l'a obtenu; car la caution, si on l'attaquait, pourrait exercer son action récursoire contre lui.

Si le jugement est rendu contre le débiteur principal, l'exception de la chose jugée pourra-t-elle être opposée à la caution? Cette question doit être résolue par une distinction : ou bien la caution veut employer des exceptions inhérentes à la cause, ou bien elle ne veut se servir que d'exceptions qui lui sont personnelles. Dans la première hypothèse, sa prétention sera repoussée, parce que, par la nature même du cautionnement, la caution s'est soumise aux conséquences des actions qui pourraient être dirigées contre le débiteur sur le fait de la dette cautionnée. Dans la seconde hypothèse, elle ne peut pas avoir été représentée par

(1) Sauf l'exception de l'art. 2012, § 2, du Code Napoléon, qui permet de cautionner une dette, encore qu'elle puisse être annulée par une exception personnelle à l'obligé, par exemple dans le cas de minorité.

le débiteur principal, puisqu'elle réclame de son chef, et veut user d'exceptions que n'avait pas ce débiteur.

Lorsque le jugement a été rendu contre la caution, il ne saurait être opposé au débiteur principal ; car la caution ne peut valablement, en cette qualité, le représenter. Mais qu'arrivera-t-il si le jugement a été rendu en faveur de la caution? Il est évident que, dans le cas où il ne porte que sur le fait du cautionnement, il ne peut pas profiter au débiteur principal. Si la caution a obtenu gain de cause sur la dette elle-même, et par le fait du créancier qui lui a déféré le serment, comme l'art. 1365 du Code Napoléon porte, que le serment prêté par la caution profite au débiteur principal, le jugement rendu sur ce serment doit nécessairement lui procurer avantage. Mais nous déciderions différemment, si le créancier n'avait pas déféré le serment à la caution. On ne peut pas dire, en effet, que la caution puisse représenter le débiteur ; car on ne saurait comprendre que les décisions rendues avec l'obligé accessoire puissent en rien préjuger les droits de l'obligé principal. L'art. 1365 ne pourrait fournir un argument contre notre opinion; car, dans le cas particulier qu'il décide, le créancier a consenti à reconnaître qu'il n'y aurait point dette, si le serment était prêté. Au contraire, lorsque le jugement est rendu sur tout autre motif, le créancier n'a pas fait l'abandon de son droit : il l'a soutenu en justice contre la caution seulement, le débiteur n'étant pas en cause; il pourra donc intenter une nouvelle action contre ce débiteur.

Le créancier solidaire étant, par suite d'un mandat

tacite résultant de la solidarité, le représentant de ses cocréanciers, la chose jugée en sa faveur doit leur profiter. Mais, comme ce mandat n'existe entre les créanciers solidaires que pour rendre leur condition meilleure, la chose jugée contre l'un d'eux ne pourra pas être opposée aux autres. Cette décision est contenue en germe dans ces deux dispositions, qui veulent, que tout acte qui interrompt la prescription à l'égard de l'un des créanciers solidaires, profite aux autres (Cod. Nap., art. 1199); et que, au contraire, la remise faite par l'un des créanciers solidaires ne libère le débiteur que pour la part de ce créancier (Cod. Nap., art. 1198, § 2).

On reconnaît généralement que le jugement rendu en faveur d'un débiteur solidaire, sur une exception commune à tous, profite aux autres; et réciproquement, que le jugement rendu contre un débiteur solidaire ne peut pas nuire aux autres, s'ils ont des exceptions personnelles à faire valoir; par exemple, s'ils veulent contester leur qualité de solidaires.

Mais on n'est point d'accord sur la question de savoir si le jugement obtenu contre l'un des débiteurs solidaires, et qui a rejeté une exception commune à tous, a l'autorité de la chose jugée à l'égard des autres. Nous pensons qu'il faut répondre affirmativement à cette question. Cette décision nous semble résulter des principes de la solidarité entre débiteurs. En effet, lorsque plusieurs personnes, par un seul et même contrat, s'obligent solidairement à une seule et même dette, elles forment une sorte de société en ce qui constitue cette dette. D'un autre côté, le créancier qui a exigé, pour donner plus de garanties à sa créance, l'adjonction de plusieurs débiteurs solidaires, a voulu, par cela même, n'être pas obligé d'agir contre chacun d'eux en particulier, et de multiplier les procès à l'infini. C'est pour cela que l'art. 1206 du Code Napoléon dispose, que les poursuites faites contre l'un des débiteurs solidaires interrompent la prescription à l'égard de tous. C'est toujours dans cette idée que l'on a admis le principe que les débiteurs solidaires doivent être considérés comme cautions les uns des autres, et que l'art. 1207 du Code Napoléon veut que la demande d'intérêts, formée contre l'un des débiteurs solidaires, fasse courir les intérêts à l'égard de tous. La jurisprudence paraît adopter cette opinion; plusieurs arrêts ont jugé en ce sens (1), et tout récemment encore, il vient d'être décidé qu'un jugement par défaut, obtenu contre plusieurs débiteurs solidaires, acquiert l'autorité de la chose jugée, à l'égard de tous, par son exécution, dans les six mois, contre l'un d'eux.

Les mêmes raisons de décider en ce sens n'existent pas, selon nous, quand il s'agit de codébiteurs d'une dette indivisible. Nous pensons qu'ils ne doivent pas être considérés comme représentés par l'un d'eux. En effet, si par la nature de la dette, chaque codébiteur peut être poursuivi pour le tout, il n'en est pas moins vrai qu'il n'en est pas tenu *totaliter*, comme le codébiteur d'une obligation solidaire. Contrairement à ce qui

(1) Cass., 29 novembre 1836. — Paris, 20 mars 1809.

n lieu pour ce dernier, son obligation ne porte que sur une partie de la dette.

On décidait, à Rome, que le légataire était lié par le jugement rendu contre l'héritier institué. C'était une conséquence de cette règle, qu'un testament n'existait qu'autant qu'il y avait institution d'héritier valable : *Ab institutione hæredis pendent omnia quæ testamento continentur.* Cette règle n'est plus applicable en notre droit. On ne saurait donc admettre la solution dont elle n'est que la conséquence. L'institution d'héritier et le droit des légataires sont parfaitement distincts l'un de l'autre. On ne saurait dire qu'ils forment un même rapport juridique. Le jugement rendu contre l'héritier ne pourra donc pas, dans notre législation, être opposé au légataire.

Nous devons maintenant étudier quelle est l'influence de la chose jugée, en matière de questions d'état.

Les questions d'état ont, dans une société bien organisée, une importance qu'on ne saurait contester. Il faut, autant que possible, qu'elles ne soient pas soumises à une incertitude dont les suites pourraient être fâcheuses pour l'ordre public. Les jugements qui statuent sur ces questions doivent donc avoir une autorité plus étendue que ceux qui décident le sort des contestations ordinaires. Ils ne fixent point seulement le passé et le présent, ils jugent encore des questions futures. C'est pour cela qu'ils reçurent à Rome le nom de *præjudicia.* Lors donc que l'état d'une personne aura été porté devant les tribunaux, et y aura été discuté avec un contradicteur légitime, cet état sera inattaquable. Tels étaient les principes du droit romain, adoptés par notre ancienne jurisprudence, et que nous devons encore admettre dans notre législation.

Quoi de plus juste, en effet, que ce principe qui exige que la qualité d'un individu, soit dans la société, soit dans la famille, ne puisse être soumise à des discussions sans cesse renaissantes, qui auraient pour objet de contester, à chaque occasion, le titre qui lui a été reconnu.

L'autorité de la chose jugée doit donc avoir en cette matière une extension plus grande que celle que nous lui avons attribuée jusqu'ici. Mais il ne faut pas que cette extension devienne nuisible aux intérêts qu'elle a pour mission de protéger. Il ne faut pas, par exemple, qu'il soit permis au premier venu, en soulevant une contestation sur l'état d'une personne qui lui est à peu près inconnue, de provoquer un jugement qui fixerait d'une manière invariable l'état de cette personne à l'égard de tous. C'est pour éviter un pareil résultat que les lois romaines ne donnaient une autorité inattaquable aux jugements rendus sur l'état d'une personne, que lorsque la discussion avait eu lieu avec un contradicteur légitime. Nous devons encore admettre cette décision, basée sur l'équité et l'intérêt public.

Le contradicteur légitime dans une question d'état doit être celui qui aura un intérêt principal et immédiat à contester cet état. Mais plusieurs personnes peuvent avoir ce même intérêt; elles devront donc être mises en cause. Lorsqu'un enfant, par exemple, réclamera l'état de fils légitime, il devra appeler au procès, non-seulement son père, mais encore sa mère; car ils ont l'un et l'autre un intérêt principal et immédiat. L'un ne pourra pas représenter l'autre, car leur intérêt est aussi distinct. En effet, si l'enfant est déclaré légitime, il acquiert des droits, non-seulement dans la famille du mari, mais encore dans celle de la femme; ces deux familles doivent donc être représentées. C'est ainsi qu'a jugé la Cour de cassation, le 6 janvier 1809.

Mais les père et mère ne sont pas toujours les seuls contradicteurs légitimes. Ainsi, dans une action en réclamation d'état, s'il existe des enfants issus d'un précédent mariage de l'un des époux, ces enfants devront être mis en cause, car ils ont un intérêt principal à ce qu'un individu ne vienne pas réclamer un état qui leur préjudicierait, et cet intérêt est distinct de celui des père et mère.

Non-seulement la question d'état peut faire l'objet d'un débat principal, mais elle peut encore être jugée incidemment et par voie d'exception. La décision qui interviendra aura la même force, pourvu que les contradicteurs légitimes aient été appelés.

Examinons maintenant quelle est l'autorité des jugements qui statuent, non plus sur l'état, mais sur une qualité qu'ils attribuent à une personne.

Nous rentrons ici dans les principes généraux, et l'autorité de la chose jugée ne nous semble pouvoir être opposée qu'à ceux qui ont été parties dans le procès. Ainsi, un jugement qui, sur la demande d'un créancier, aurait reconnu à un débiteur la qualité de commerçant, et l'aurait en conséquence soumis à la contrainte par corps, ne saurait avoir l'autorité de la chose jugée à l'égard des autres créanciers qui n'étaient point parties dans l'instance.

A cette matière se rattache une question difficile, dont la solution a donné naissance à plusieurs systèmes opposés. Cette question peut être formulée ainsi : Le jugement passé en force de chose jugée, qui condamne un successible en qualité d'héritier pur et simple, profite-t-il aux personnes qui n'ont point été parties dans le procès, en sorte que le successible soit déchu à l'égard de tous de la faculté de renoncer?

Voici quelle était l'opinion de Pothier : « Un créan-
» cier ainsi condamné en qualité d'héritier envers un
» créancier ou un légataire, par un jugement souve-
» rain ou en dernier ressort, est bien obligé, à cause
» de l'autorité de la chose jugée, à payer les sommes
» auxquelles il est condamné; mais il ne devient pas
» héritier pour cela, car il ne peut être héritier sans
» avoir voulu l'être : selon notre règle de droit coutu-
» mier, n'est héritier qui ne veut. C'est pourquoi cette
» condamnation n'empêchera pas cet héritier de re-
» noncer valablement à la succession, par la suite,
» vis-à-vis des autres créanciers ou légataires qui ne.
» pourront pas lui opposer l'arrêt de condamnation
» qui a été rendu contre lui en qualité d'héritier,
» parce qu'ils n'étaient point parties en cet arrêt, et
» que c'est un principe de droit qu'un jugement ne
» fait loi qu'entre les parties entre lesquelles il a été

» rendu : *Res inter alios judicata, aliis nec prodest, nec*
» *nocet* (1). »

Nous croyons dévoir adopter cette opinion, en présence des termes formels de l'art. 1351.

Cette décision ne rencontrerait point d'adversaires, s'il n'existait une autre disposition, dans laquelle quelques auteurs ont vu, pour le cas particulier qui nous occupe, une dérogation aux principes de la chose jugée. Il s'agit de l'art. 800 du Code Napoléon. La difficulté résidera donc dans l'interprétation de cet article. Il est ainsi conçu : « L'héritier conserve néanmoins, après l'expiration des délais accordés par l'art. 795, même de ceux donnés par le juge, conformément à l'art. 798, la faculté de faire encore inventaire et de se porter héritier bénéficiaire, s'il n'a pas fait d'ailleurs acte d'héritier, *ou s'il n'existe pas contre lui de jugement passé en force de chose jugée, qui le condamne en qualité d'héritier pur et simple.* »

Le système que nous combattons décide, en s'appuyant sur cet article, que le successible condamné comme héritier pur et simple, à l'égard d'un seul créancier, doit conserver cette qualité à l'égard de tous.

Les auteurs qui pensent ainsi argumentent d'abord de l'indivisibilité de la qualité d'héritier. Nous croyons que cet argument, dont on a souvent abusé, n'est pas exact. Sans doute, au point de vue abstrait, une qualité n'est pas divisible, parce qu'elle n'a pas de parties.

(1) *Traité des Successions*, chap. 8, sect. 5.

Mais, sous le rapport juridique, qu'est-ce qui constitue une qualité? Ce sont les droits qu'elle confère, les obligations qu'elle impose. Or, quoi de plus divisible que ces droits et ces obligations? Les auteurs romains n'admettaient pas cette indivisibilité de la qualité d'héritier; et leur décision a d'autant plus de force dans une législation où il était de principe qu'on ne pouvait mourir partie *testat*, partie *intestat*. La loi 22, au Digeste, *de exceptione rei judicatæ*, est en effet ainsi concue : *Si cum uno hærede actum sit, tamen et cum cæteris hæredibus rectè agetur nec exceptio rei judicatæ eis proderit; nam et si eadem quæstio in omnibus judiciis vertitur, tamen personarum mutatio, cum quibus singulis suo nomine agitur, aliam atque aliam rem facit.* En outre, Papinien, dans la loi 18, au Digeste, *de inofficioso testamento,* décide formellement qu'un testament inofficieux peut être annulé à l'égard de l'un des héritiers institués et déclaré valable à l'égard de l'autre.

M. Valette, à propos de cette théorie de l'indivisibilité de la qualité en matière de succession, fait remarquer à quels résultats elle entraînerait, dans le cas où un jugement aurait déclaré valable une renonciation à une succession, si ce jugement pouvait servir de titre à celui qui l'a obtenu contre les tiers. Il faudrait forcément décider que des créanciers ou des cohéritiers qui n'ont point été parties dans le jugement ne seraient pas recevables à prouver que la renonciation est nulle à raison d'actes antérieurs d'acceptation; or, il est impossible d'admettre un pareil résultat.

Nous repoussons donc l'argument qu'on voudrait

tirer de la prétendue indivisibilité de la qualité d'héritier.

Reste la disposition de l'art. 800. On a dit : Puisque le successible condamné en qualité d'héritier pur et simple, par un jugement passé en force de chose jugée, ne peut pas se porter héritier bénéficiaire, sa qualité d'héritier est jugée à l'égard de tous. Car, à raison du quasi-contrat judiciaire, il doit être traité comme si, dans un simple contrat, il s'était déclaré héritier ; ce qui constituerait une acceptation de succession. Nous ne pouvons admettre cette idée de l'existence d'un contrat judiciaire, qui supposerait de la part du successible une acceptation, quand il est évident qu'il a fait tout ce qu'il a pu pour répudier la qualité qu'on voulait lui attribuer, et que, plutôt que de l'accepter volontairement, il en a appelé à la justice.

Nous pensons que l'art. 800 et l'art. 1351 peuvent très-bien se concilier. L'art. 800, en effet, dispose que celui contre qui il existe un jugement passé en force de chose jugée ne peut pas se porter héritier bénéficiaire. D'où l'on a conclu, bien que cela ne soit pas exprimé dans le texte, qu'il ne pouvait pas renoncer à la succession. Mais quand est-ce qu'un jugement est passé en force de chose jugée ? C'est lorsqu'il réunit les trois conditions de l'art. 1351, à savoir : Identité d'objet de la demande, identité de cause, identité des personnes et de leurs qualités. Or, le créancier qui a obtenu le jugement ne saurait faire avec les autres créanciers une seule et même personne juridique.

Enfin, pour qu'il ne puisse rester aucun doute sur

l'exactitude de la solution que nous croyons devoir adopter, nous allons, en peu de mots, rendre compte de la discussion qui s'éleva au sein du Conseil d'Etat dans la séance du 9 nivôse an XI.

La section de législation avait présenté un article ainsi conçu : « Celui contre lequel un créancier de la succession a obtenu un jugement même contradictoire passé en force de chose jugée, qui le condamne comme héritier, n'est réputé héritier, en vertu de ce jugement, qu'à l'égard seulement du créancier qui l'a obtenu. » Cet article, on le voit, résolvait la difficulté en notre sens, et, contrairement à la disposition proposée par les rédacteurs du Code Napoléon. Une longue discussion s'engagea à ce sujet. Le projet de la section de législation fut combattu et vivement soutenu. Enfin, M. Berlier, l'un des défenseurs de l'article, fit observer qu'il pouvait être *supprimé comme inutile*, si l'art. 243 dú titre des conventions (art. 1351 du Code Napoléon) passait, comme il y avait lieu de l'espérer. Et, sur cette observation, l'article fut *retranché*. Telle est l'expression du procès-verbal. Il est donc évident que l'on a voulu, sur cette question, s'en référer aux règles de l'art. 1351, qui consacre notre décision. L'art. 800, dans l'esprit des rédacteurs du Code, n'a pas pu modifier ce résultat. Car, comment admettre que, quelques jours après une discussion aussi solennelle que celle qui eut lieu le 9 nivôse an XI, la même section de législation du Conseil d'Etat ait voulu, en présentant l'art. 800, renverser un système qu'elle avait fait prévaloir après une longue discussion ?

Mais en admettant même, et telle n'est pas notre opinion, que le législateur ait voulu donner à l'art. 800 un autre sens que celui que nous lui reconnaissons, on ne saurait contester que cet article ne s'occupe point de la renonciation, mais seulement du bénéfice d'inventaire; que son seul et unique objet est de fixer un délai fatal, après lequel l'héritier ne pourra plus accepter sous bénéfice d'inventaire.

La seule conséquence que l'on en pourrait tirer, c'est que le successible ne peut pas, quand il fait acte d'héritier ou lorsqu'il existe contre lui un jugement passé en force de chose jugée qui le condamne en qualité d'héritier pur et simple, se porter héritier bénéficiaire. Telle est l'opinion de M. Valette.

C'est vainement qu'on objecterait que, puisque le successible est déchu du droit de renoncer lorsqu'il a fait acte d'héritier, il doit l'être, à plus forte raison, lorsqu'il est condamné en cette qualité par un jugement passé en force de chose jugée, parce que ces deux hypothèses sont placées sur la même ligne par l'art. 800. Nous répondrons que c'est l'art 778, et non l'art. 800, qui enlève au successible qui a fait acte d'héritier le droit de renoncer, tandis qu'il n'existe dans la loi aucune disposition qui prononce qu'il sera privé de ce droit quand il aura été condamné à l'égard d'une partie. Si l'art. 800 s'occupe des deux hypothèses, ce n'est donc que par rapport à la matière qu'il traite : la déchéance du droit de se porter héritier bénéficiaire.

Admettre d'ailleurs la décision que nous combat-

-tions., serait donner à l'autorité de la chose jugée une présomption de vérité absolue, tandis que, d'après les principes que nous avons exposés elle n'est que relative. Nous persistons donc dans l'opinion que nous avons émise, et nous terminerons cette discussion, peut-être un peu trop longue, en reproduisant une observation pleine de sens., faite par M. Berlier au Conseil d'Etat : « Vainement allègue-t-on le besoin de » fixer les qualités et d'éloigner les procès ; car celui » qui a été condamné une fois aura, dans le cas où il » plaiderait, à lutter contre un préjugé très-fort, s'il » est traduit devant un tribunal autre que celui qui » a prononcé la première fois, et bien plus fort en- » core, si c'est devant le même tribunal. Cette crainte » suffira pour écarter les mauvaises difficultés. Il est » bon que le premier jugement serve comme pré- » jugé, et cela est dans la nature des choses ; mais » ce serait trop faire que de lui imprimer un carac- » tère aussi irréfragable que celui de la loi. »

Pour qu'un jugement ait contre une partie l'auto-rité de la chose jugée, il faut, non-seulement qu'elle ait figuré dans l'instance ou qu'elle y ait été repré-sentée, mais encore qu'elle ait la même qualité. Ainsi, un jugement rendu contre un tuteur, en cette qualité, n'aurait pas contre lui personnellement l'autorité de la chose jugée.

TROISIÈME PARTIE.

Des effets de la chose jugée.

Lorsqu'un jugement aura été rendu avec les conditions que nous venons d'étudier, il fera présumer vrai et équitable tout ce qui y sera contenu. *Rés judicata pro veritate accipitur*, porte la loi 207, au Digeste, *de regulis juris.*

La présomption, fondée sur la chose jugée, exclut donc toute preuve du contraire. Elle est ce que les interprètes appellent une présomption *juris* et *de jure*. Elle ne peut tomber, alors même que la partie condamnée aurait en main les preuves les plus entières de l'injustice de la décision qu'elle consacre. Cette solution rigoureuse est en harmonie avec la loi d'ordre public qui a fait introduire la chose jugée dans toutes les législations, comme une nécessité sociale. Le jugement établit donc entre les parties l'existence ou la non-existence d'un rapport juridique qui ne peut plus être remis en question.

Lorsque l'exception résultant de la chose jugée n'a pas été proposée en première instance, elle peut l'être en cause d'appel. Mais le juge pourrait-il la suppléer d'office lorsqu'elle n'a pas été opposée par la partie qui avait intérêt à s'en prévaloir ? Nous ne le pensons pas, et nous adopterons ici la doctrine consacrée par l'art. **2223** du Code Napoléon, en matière de prescription. La prescription et l'autorité de la chose jugée ont, en effet, de nombreux points de ressemblance. Toutes les deux sont le résultat d'une loi d'ordre public, et peuvent amener à des conséquences contraires à l'équité. Et de même que le silence de celui qui ne se prévaut pas de la prescription peut provenir de ce qu'il répugne à se servir d'un moyen peu loyal, et que sa conscience lui reprocherait, de même celui qui, pouvant faire usage de l'exception de la chose jugée, ne veut pas s'en prévaloir, peut agir ainsi, parce qu'il est persuadé que le premier jugement qu'il a obtenu n'est pas conforme à l'équité.

Nous avons terminé notre travail ; car cette dernière partie ne comporte pas de plus longs développements, puisque nous avons déjà eu l'occasion, dans le cours de cette dissertation, d'indiquer plusieurs effets de l'autorité de la chose jugée.

PROPOSITIONS ET QUESTIONS.

DROIT ROMAIN.

1. L'émancipé, bien que sa capacité fût augmentée par suite de l'émancipation, éprouvait néanmoins une diminution de tête, en passant par le *mancipium*.

2. Le legs *per vindicationem*, validé par le sénatus-consulte Néronien comme legs *per damnationem*, conservait cependant sous plusieurs rapports les effets d'un legs *per vindicationem*.

3. Le bénéfice de discussion ne pouvait exister sous le système formulaire.

4. Dans l'action négatoire, la preuve incombait au demandeur.

DROIT CIVIL FRANÇAIS.

1. Les donations déguisées sous la forme d'un contrat à titre onéreux, en admettant leur validité, sont soumises à l'obligation du rapport.

2. Les servitudes continues et apparentes peuvent s'acquérir par la prescription de dix et vingt ans.

3. L'hypothèque consentie par un non-propriétaire n'est pas validée par l'acquisition postérieure de l'objet hypothéqué.

———

DROIT CRIMINEL.

1. Le fait de complicité du suicide n'est passible d'aucune peine; mais quand l'agent a prêté son bras à l'exécution du suicide, il est punissable.

2. Celui qui a fait remplir par un tiers le blanc-seing qui lui avait été confié doit être puni comme complice du crime de faux.

DROIT ADMINISTRATIF.

1. La propriété littéraire ne peut pas être soumise aux lois sur l'expropriation pour cause d'utilité publique.

2. Les traités diplomatiques ne sont point des actes administratifs. Le pouvoir judiciaire est donc seul compétent pour décider sur les questions privées auxquelles ils donnent naissance.

Approuvé :

Le Doyen de la Faculté,

LAURENS.

Vu :

Le Recteur,

A. MOURIER.

Toulouse, le 12 avril 1852.